くらべる世界

おかべたかし・文

山出高士・写真

東京書籍

本書は、「朝ごはん」や「カレンダー」「ネクタイ」など33の項目を立て、それらが「日本とアメリカ」「イギリスとフランス」のように世界の異なる２カ国間で、どのように違うのかをくらべて解説した本です。

１組の「くらべる世界」は４ページで構成されており、初めの２ページには、各国の項目を撮影した写真を対置しています。そしてめくったところに異なる理由の解説と、関連した情報を掲載しています。日本と外国をくらべる場合には、左ページに日本を、右ページに外国を配置しています。外国同士をくらべる場合には、地球（世界地図）上で西側にある国を左ページに、東側にある国を右ページに配置しました。「くらべる世界」は、項目の頭文字での五十音順に掲載されていますが、前から順に読む必要はありません。パラパラとめくって気になったところからご覧ください。

なお、本書のすべての写真は日本で撮影したものです。それゆえ項目の素材は、比較対象である海外の現地で使用されているものや、現地での姿に近いものを日本で探して、あるいは専門家の助言などを参考に日本で再現して、撮影していることをあらかじめお断りしておきます。また、本書では項目を対比させる構図を明確にするために、くらべる対象を、日本と外国もしくは外国と別の外国といった2つの国に特に代表させていますが、2国以外にも同様の文化や習慣をもつ国と地域があり得ることをご了承ください。

文はおかべたかしが担当し、写真は山出高士が担当しました。項目の選定や比較国の選択は、著者である我々の視点と調査にもとづくものであることもここに記します。

観光庁の推計によると、2017年に日本を訪れた外国人観光客は約2900万人で過去最多となるそうです。2020年の東京オリンピックをひかえ、日本にはますます多くの外国人が訪れるようになるでしょう。また、法務省によれば在留外国人も300万人を超えているといいます。今後、学校や職場、あるいは地域で、たくさんの外国の人と交流する機会がさらに増えることと思います。このような時代や状況の変化を受けて、世界の国々の文化と違いを知ることは、日本に暮らす人々にとってよりいっそう意義が深まることだと捉えています。

違うから議論が生まれ、くらべることからコミュニケーションが始まる。そんなコンセプトで編まれた本書が、異文化理解のよき入門書になりましたら幸いです。

――おかべたかし

Part.1 あ行 か行

Part.2

さ行　た行

Part.3　な行　は行　ま行　や行　ら行

世界コラム

やってみたコラム

デザイン／サトウミユキ（keekuu design labo）　表紙＆本文写真／山出高士

くらべる世界

Part. 1

あ行　か行

スコットランドの朝ごはん

タイの朝ごはん

麦のお粥が「スコットランドの朝ごはん」

米のお粥が「タイの朝ごはん」

写真の朝ごはんは、どちらも「お粥」だが、素材に麦と米という違いが見てとれる。スコットランドの定番朝ごはん「ポーリッジ」は、オーツ麦を使ったお粥。好みによってフルーツや甘いハチミツを合わせたり、冷たい牛乳をかけて食べるのが特徴だ。パンの朝食はキリスト教とともにヨーロッパ全土に広がったが、寒いスコットランドではこのようなお粥の朝ごはんが今でもよく食べられている。一方、タイで人気のある朝ごはんは「ジョーク」と呼ばれる砕いた米をトロトロに煮込んで鶏のスープと合わせたお粥。白コショウ、唐辛子の入った酢、ナンプラーで味を整え、豚肉のつくねやレバー、卵、「パートンコー」と呼ばれる揚げパンを入れて食べる。家で作るよりも屋台で買ってテイクアウトするのが一般的だ。

世界の朝ごはんが食べられる「ワールド・ブレックファスト・オールデイ」

撮影にご協力いただいたのは東京都渋谷区にある「ワールド・ブレックファスト・オールデイ（WORLD BREAKFAST ALLDAY）」。「朝ごはんを通して世界を知る」をテーマにした同店では、常時食べられるイギリスと台湾の朝食のほか、２カ月ごとに国を替えながら世界の朝ごはんを提供している。「試作したものは、その国の人を探してきて試食してもらっています」というこだわりは、外国の文化を知ってもらいたいという同店のポリシーゆえ。食べることで世界を学べる貴重なお店ですので、ぜひ足をお運びください。

日本のあやとり

アメリカのあやとり

文様的デザインが「日本の蝶のあやとり」

リアルな姿が「アメリカの蝶のあやとり」

あやとりは、世界各地で3千種類もの遊び方が確認されており、国ごとの特徴もある。写真はどちらも「蝶」を題材にしたものだが、ご覧のように形はずいぶんと異なっている。日本の「蝶」は文様的で左右対称。これは「富士山」や指から外して鑑賞する「菊」など、多くの日本のあやとりに見られる特徴である。一方、北米のネイティブアメリカンであるナバホの「蝶」は、立体的でくるっと巻いた口、動かすことで羽ばたく様を表現したリアルなものである。このナバホやイヌイットなど、近代まで文字を持たなかった人々にとってのあやとりとは、その土地の知識を伝達する手段であったとも考えられている。

「月」のあやとりは日本だけのもの？

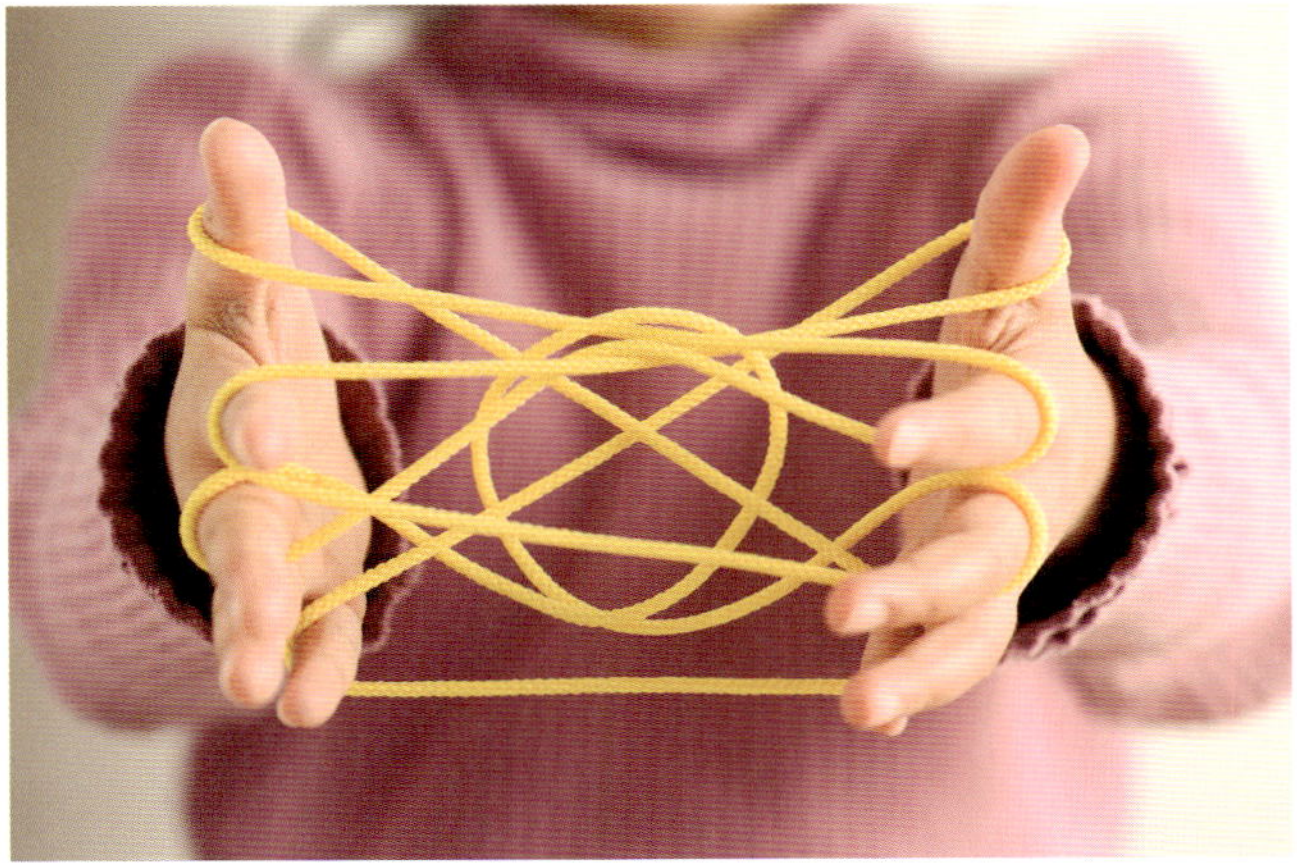

あやとりにおける「日本らしさ」のひとつが「月」を題材にしたもので、上の写真は「月にむらくも」。日本には月を題材にしたあやとりが８種類ほどあるが、他の国には月を題材にしたものは見つかってないという。一方、「太陽」を題材にしたものは、世界各地にたくさん存在する。

スペインのオムレツ

フランスのオムレツ

トルティージャが「スペインのオムレツ」

スフレオムレツが「フランスのオムレツ」

一般的な「オムレツ」は、フライパンの上で袋型に整形するが、スペインの「トルティージャ」と呼ばれるオムレツはフライパンの形のまま焼き上げるのが特徴。「バル」と呼ばれるスペイン人の生活に根ざした飲食店でも欠かせない一品で、固く焼くハードタイプだけでなく、半熟卵のソフトタイプもある。必須の具材はジャガイモで、これにレシピによってタマネギやホウレンソウ、ベーコンやエビなどが加わる。一方、フランスを代表するオムレツが「スフレオムレツ」。世界遺産にも登録されている「モンサンミッシェル」に本店を置くレストラン「ラ・メール・プラール」の名物料理で、まるでメレンゲを食しているかのようなフワフワの食感が特徴。全卵だけを銅製のボウルに入れて、大きな泡立て器でなんども泡立てることで、この食感を生み出している。

「スペインバル トロンパ」と「ラ・メール・プラール」

スペインのオムレツ「トルティージャ」の撮影でご協力いただいたのは、東京都世田谷区にある「スペインバル トロンパ」。本場のスペインバルを再現したいという同店のタパス（小皿料理）は、オムレツだけでなくどれも本場の味で驚くほどにリーズナブル。営業時間は14時から24時で昼のみも大歓迎です。スフレオムレツの撮影でご協力いただいたのは、東京都千代田区にある「ラ・メール・プラール」。フランスの本店で修業した料理人が作る名物のスフレオムレツは「本店よりも美味しい」と評判です。

日本の折り紙

ドイツの折り紙

鶴や手裏剣やカブトが「日本の折り紙」

フレーベルの星が「ドイツの折り紙」

「折り紙は日本の文化」と考えている人も多いだろうが、世界にも独自の折り紙が多数ある。そのなかでも特筆すべきが、ドイツの「フレーベルの星」。これはドイツの教育者であるフリードリッヒ・フレーベル（1782-1852）が考案したもので、ドイツではクリスマスの飾りにと多くの家庭で折られている。また、このフレーベルは、子どもたちの数学的センスや美的感覚を養うために教育に折り紙を取り入れたことで知られ、この影響を受けて日本でも明治時代から折り紙が教育に取り入れられるようになった。初めて「折り紙」が海外に紹介されたのは、1878年のパリ万国博覧会のときのこと。日本の紙が出品されており、このとき「折り紙（origami）」ということばも紹介されている。

金平糖はポルトガルの「コンフェイト」から生まれた

折り紙で作った箱に金平糖を入れておもてなし——。いかにも日本的な風景だが、この金平糖という和菓子は、もともと日本の戦国時代にあたる16世紀頃、ポルトガルからもたらされた「コンフェイト」というお菓子が元になっている。今回、この金平糖とくらべてみたいと「コンフェイト」を探したのですが、結局、発見できずじまい。ただポルトガルではまだ作られているようなので、いつか見つけたいと思っております。金平糖にくらべて色が鮮やかだというコンフェイト……気になります。

ベトナムの干支にはネコがいる

～ 多様な文化は平和の証 ～

日本に来る外国人観光客が、年々、増加しています。

訪日外国人の統計調査を行っているJNTO（日本政府観光局）によると、2017年の11月の訪日外国人は約237万人で、これは同月前年である約187万人から27%近い伸びとなっています。2020年の東京オリンピックに向けて、今後も一層、この数は伸びていくことでしょう。

こういった昨今の状況で「異文化理解」に対する関心が高まっています。とりわけ観光業では、各国の人の特徴を頭に入れ、よりよい対応ができるような工夫をしています。また、外国人とともに働く企業では、異文化を理解することで、より円滑なコミュニケーションを図ろうとしています。

このように「世界を知ろう」という動きは、ビジネスの現場が先んじている印象ですが、世界の文化差異というのは、誰にとっても楽しめる要素を持っているというのが、本書の制作を終えた私の感想です。

日本の雪だるまは2段式。頭にはバケツを乗せて、鼻は炭や木の枝で作ります。一方、西洋の雪だるまは3段式。頭には帽子を被り、鼻はニンジンで作ります。

ベトナムの十二支には、ウサギの代わりにネコがいます。またモンゴルではトラの代わりにヒョウがいます。

P80で、日本とアメリカのショートケーキの違いを説明していますが、韓国のショートケーキにはプチトマトが乗っています。これは韓国ではトマトをフルーツと考えているためです。

こういった違いは、世界を知り、世界を楽しむ格好の素材ではないでしょうか。歴史を振り返ると「文化浄化」と呼ばれるような、他国の文化を破壊、否定する行為がたびたび行われてきました。またキュリー夫人の伝記には、幼少期、祖国のポーランドがロシアの支配下にあったため、ポーランド語での授業が禁じられ、ロシア語の授業を強制されていたという話が出てきます。

こういった事例を踏まえると、多様な文化、多様な言語があるということは、ある意味「平和の証」でもあると思うのです。文化の違いを楽しむということは、世界の平和の一歩につながる——。大げさな話のようにも聞こえますが、そう感じるのです。

サイコロといえば1が赤いものをイメージしますが、これは日本だけのデザインで、世界ではすべての面が同色。このように「日本と世界の文化の違い」というのは、身近なところにもありますので、卒論や自由研究の題材などにもいかがでしょうか。こういった身近なところから世界を考えるのもよい学習だと思うのです。

スウェーデンのカゴ

ルワンダのカゴ

白樺で作られたのが「スウェーデンのカゴ」

サイザルアサで作られたのが「ルワンダのカゴ」

スウェーデンなどの北欧やロシアで作られるのが、白樺の樹皮を用いたカゴ。耐水性が高く腐敗にも強いこの白樺の樹皮は、格子状に何層にも重ねることでとても丈夫になる。ルワンダのカゴは「イシンギ草」という植物を束ねて「サイザルアサ」から採った繊維でクルクルと巻いて作る。この繊維を取り出すところから始めることもあり、ひとつのカゴが完成するまでには大変な手間暇をかけねばならない。ただ、カゴを編む仕事は、国の誇りを感じる伝統の仕事であり、女性たちにとって数少ない現金収入を得る手段でもある。写真は「空」と名づけられたルワンダのバスケット。1990年代、内戦による悲劇の歴史をもつ同国では、カゴづくりが作り手である女性の心を励ましてきたという。

世界中のカゴを集めたお店「カゴアミドリ」

撮影にご協力いただいたのは東京都国立市にある「カゴアミドリ」。できるだけ環境に負荷をかけずに生み出され、途上国の支援になるような製品を日本に紹介したい——。こんな思いからカゴに出会ったご夫婦が経営されるこのカゴ専門店には、世界中のカゴ、そして日本各地の個性的なカゴが並んでいます。個性的なカゴの数々を見ていると「カゴには自然に寄り添い暮らしてきた人の知恵が詰まっています」というご主人のことばが、とてもよく理解できます。豊かな文化とは何かを感じさせてくれる素晴らしいお店。ぜひ足を運んでみてください。

中国のカップヌードル

アメリカのカップヌードル

チキン味が「アメリカのカップヌードル」

1971年に誕生した日清食品の「カップヌードル」は、現在、世界80カ国以上で販売されているが、初めて海外で発売された地は、アメリカ。同国で現在売り上げトップなのが写真のチキン味のものである。一方、現在、世界でもっとも広く食べられている味は、中国でも人気の、ベースに豚骨を使用したシーフードである。日本では「レギュラー」(醤油をベースとした味)が発売以来不動の売上1位だが、これは日本人の味の好みによるもので、世界的に見て様々な国で受け入れられる可能性が高いのはシーフード味だという。なお中国や香港でカップヌードルを「合味道」と表記しているのは、「あなたの好みに合った味」という意味だけでなく「hap mei do＝ハップ・メイ・ドウ」という読みが「カップヌードル」と聞こえることにも由来している。

シーフード味が「中国のカップヌードル」

世界でのべ120種類もの味がある「カップヌードル」

撮影にご協力いただいたのは、創業者の安藤百福が世界で初めてインスタントラーメンを発明したことで知られる日清食品。世界80カ国以上で販売されているカップヌードルは、タイのトムヤムクン味や、ドイツのマッシュルーム味など、国ごとにその土地で愛される味を提供して、味の種類はのべ数でおよそ120にもなるという。

日本のカレー

マレーシアのカレー

Nishikiya
Japan
Delicious
Technology
レモンクリーム
チキンカレー
MALAYSIA
HALAL
MS 1500:2009
1 003-03/2004

日本の調理方法で作られたのが「日本のカレー」

ハラールの調理方法で作られたのが「マレーシアのカレー」

近年、世界に16億人いるとされるイスラム教徒の人にも安心して食べてもらえるようにと、日本国内でも提供されるようになってきたのが「ハラール食品」と呼ばれるものだ。この「ハラール」とは、アラビア語で「(神に)許されている」ことを意味し、イスラム教徒が口にしてもいい食べ物を指す。これに対して禁じられているものは「ハラーム」と呼ばれ、豚肉やアルコールがこれに含まれる。豚肉は、そのものを口にすることはもちろん、豚肉を調理したまな板や包丁も使ってはならない。写真は同じメーカーの「レモンクリームチキンカレー」だが、日本のカレーは日本の調理方法で作られたものであるのに対して、マレーシアのカレーはハラールの調理方法で作られ、マレーシアのハラール認証機関「マレーシアイスラム開発局」の認証を受けている。パッケージにあるマークがその印である。

美味しいレトルト食品を販売する「にしき食品」

撮影にご協力いただいたのは、宮城県岩沼市に本社を置くレトルト食品メーカーの「株式会社にしき食品」。マレーシアの企業と協力して食材調達や生産を行い、2018年3月からハラール認証されたレトルトカレーを8種類販売する。写真は、東京都目黒区の自由が丘にある試食もできる販売店の「にしきや」。主力商品のインドカレーは、スタッフがインド各地を食べ歩いて作り上げたものでその種類はなんと32にも及びます。

フランスのカレンダー

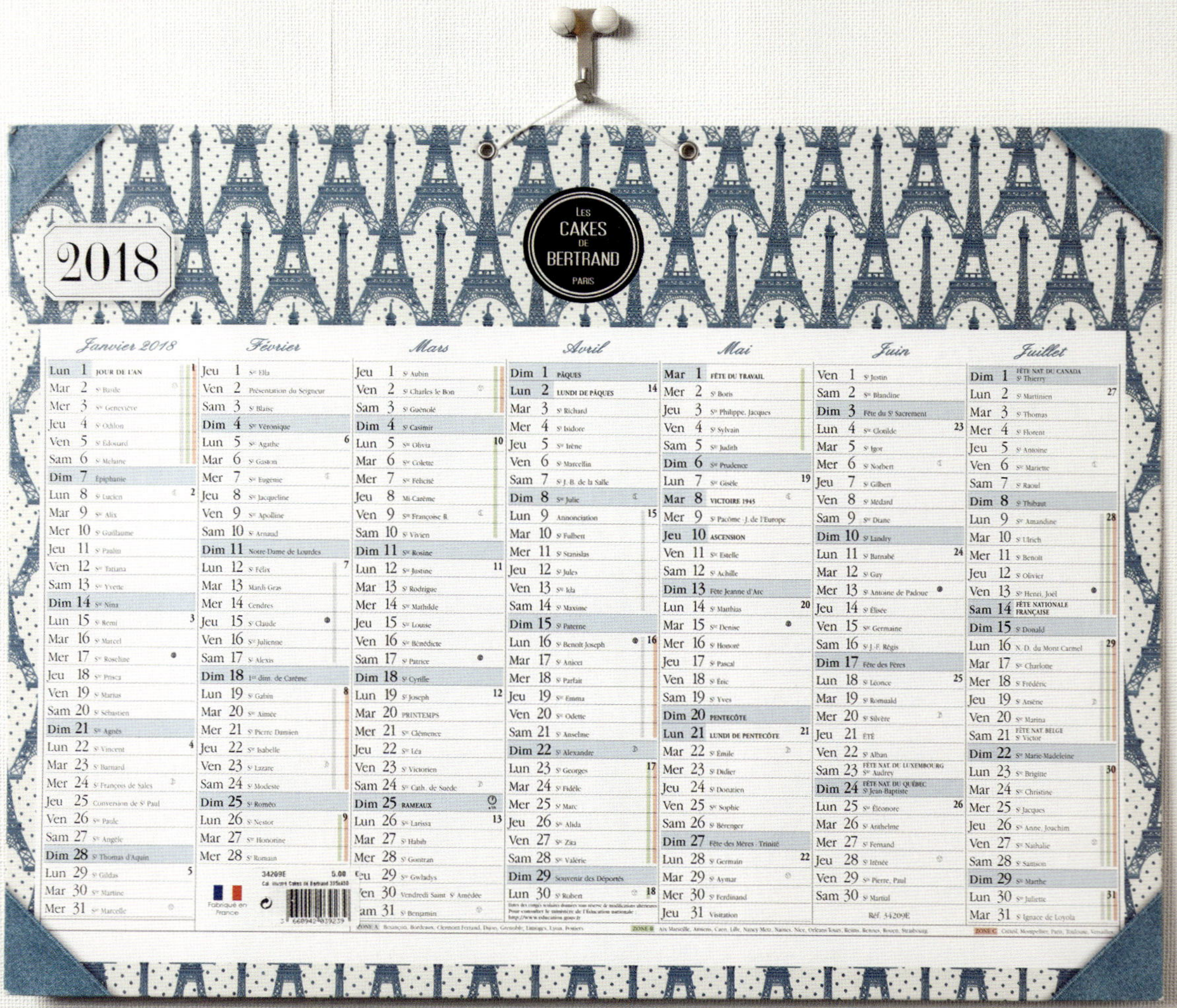
2018
LES
CAKES
DE
BERTRAND
PARIS
Janvier 2018
Février
Mars
Avril
Mai
Juin
Juillet

Morgens
ZIRKUS
Abends
THEATER
März
Montag
Dienstag
Mittwoch
Donnerstag
Freitag
Samstag
Sonntag
1 2 3 4
9. KW
5 6 7 8 9 10 11
10. KW
12 13 14 15 16 17 18
11. KW
19 20 21 22 23 24 25
12. KW
Beginn der Sommerzeit
26 27 28 29 30 31
13. KW
Karfreitag

ドイツのカレンダー

学校の休みが記入されたのが「フランスのカレンダー」

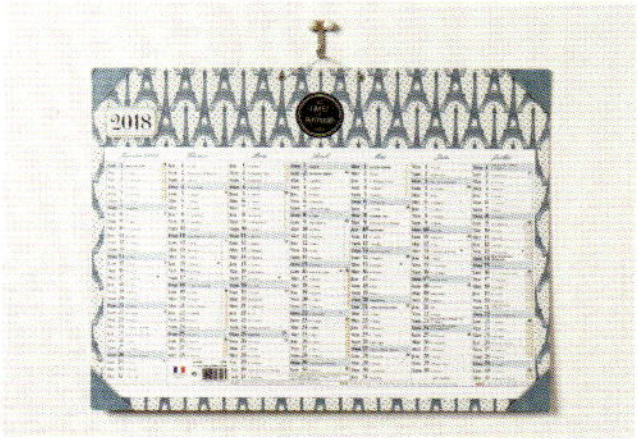

月曜日始まりが「ドイツのカレンダー」

カレンダーにも国ごとの特徴があり、日本人はメモを記入する部分が大きいものを好む傾向にある。この日本とは対照的に、メモスペースがないのを好むのがフランスで、バカンスのための学校の休みが記入されているのが特徴的だ。一方ドイツと日本のカレンダーの大きな違いは、ドイツは週の始まりが月曜日であること。ヨーロッパ各国では、週の始めの曜日が不統一だと商取引に不便であるため1971年に月曜日を週の始めとする取り決めがなされた。この「欧州式」に対して、日曜日を週の始めとしているのが「アメリカ式」で、日本もこの方式を採用しているケースが多い。なおドイツは、日本、イタリアと並ぶカレンダー製造大国のひとつで、ヨーロッパ各国にカレンダーを輸出している。

明治36年創業「株式会社トーダン」

撮影にご協力いただいたのは、東京都荒川区に本社を置く明治36年創業のカレンダーメーカー「株式会社トーダン」。暦研究のため世界各地のカレンダーの収集にも力を入れており、同社のホームページ「こよみ博物館」（http://koyomi.todan.co.jp/）では、日本の古いものや、世界の珍しいカレンダーを見ることができる。なお写真の3点は、同社がアメリカ向けに製造したもの。手前向かって右は「寿司」をテーマにしたもので、いかにもアメリカ人が好みそうな「SUSHI」の写真だけで構成されている。

トルコのギョウザ

ロシアのギョウザ

マントゥが「トルコのギョウザ」

ペリメニが「ロシアのギョウザ」

「ギョウザ」のように小麦粉の皮で具を包んだ料理は、世界各地に見ることができる。「トルコの水ギョウザ」と呼ばれるのが「マントゥ」で、冷たいヨーグルトソースをかけるのが特徴的。遊牧民としての歴史をもつトルコでは、家畜の乳から作るヨーグルトを使った料理が多いが、このマントゥにも使われている。ソースには、ニンニクとペッパーが用いられておりスパイシーな味わいだ。一方「ロシアの水ギョウザ」と呼ばれるのが「ペリメニ」。包む肉や野菜の種類は地域によって異なるが、サワークリームをかけて食べるのが一般的で、絶妙な酸味を感じる。なお中国でも「水ギョウザ」がポピュラーであり、焼きギョウザが広く愛好されているのは日本の特徴といえるだろう。

トルコ料理「ゲリック」と
ロシア料理「神保町ろしあ亭」

「マントゥ」の撮影にご協力いただいたのは東京都港区にある「ゲリック」。店名は「山小屋」を意味し、落ち着いた店内で「シシケバブ」などトルコ出身オーナーによる本場の味が楽しめる。一方、「ペリメニ」の撮影でご協力いただいたのは、東京都千代田区にある「神保町ろしあ亭」。ボルシチやピロシキの他、熱々の壺焼きビーフシチューも人気。「マントゥ」「ペリメニ」ともに初めて食しましたが、どちらも厚い皮の食感と独特の味わいが印象的。国が変われど、やはりギョウザは美味しいのでした。

あいづち、うがい、表札。ちょっと意外な「日本らしさ」

カナダ生まれの落語家・桂《かつら》三輝《さんしゃいん》さんが演じる日本の不思議さを題材にした『英語落語』をインターネット上の動画で見たのですが、そのなかで電話における「あいづち」というものが、日本独自のものであるというネタを披露されていました。なんでも欧米ではとくに何もいわず、黙ったまま聞いていても何ら不思議ではないのだとか。調べてみるとたしかに「あいづち」は、欧米人にとって「会話をせかされている」と感じたり「偉そうに思える」と考える人がいるのだそうです。

この「あいづち」のように、とりわけ「日本的」と思うものではなくとも、私たちの日常には、他の諸外国ではあまり馴染みのない「日本らしさ」がたくさんあります。

日本の家庭では、外から帰ったら「うがいをしなさい」といいますが、うがいをこれほど熱心に奨励しているのは日本だけともいわれています。

また、日本では「お茶碗をもって食べなさい」としつけますが、これも世界的にみれば希少な風習で、同じ「箸文化」の韓国や中国でも食器は置

写真はトルコ料理店「ゲリック」のシシケバブ。このお店のご主人も「なぜ日本人は美味しいことを柔らかいというのか不思議だ」とおっしゃっていました。アメリカのステーキなどは、しばしば「固くてマズイ」などといわれますが、あれは当地の人にとって心地よい固さなのかもしれませんね。

いたまま食べるのがマナーとされています。

家の玄関には住む人の名前を書いた表札を掲げるのが一般的ですが、これも世界的にみれば少数派。世界では、防犯の意識もあって家の玄関には住所だけを掲げて、名前は記さないのが普通とされています。

日本人らしい嗜好もあって、肉やパンを「柔らかい＝美味しい」とこれほど考えている国は、日本の他にはあまりないといいます。

冷たいものを好むのも、日本らしい嗜好のひとつ。日本では「美味しいビール＝キンキンに冷えている」と考える人が大半ですが、イギリスなど他国には常温のビールを好む人もたくさんいます。アイスコーヒーは、日本発祥という説がありますが、これも冷たいものをとりわけ愛する日本人の嗜好ゆえ。ただ個人的には、冷たいものが胃の負担になるときもあるし、冷えているものはカバンに入れると水滴で濡れるので、コンビニなどでは常温のものも売って欲しいなと思うのです。それと、個人的に燗した日本酒を愛好しているのですが、純米酒でも「よいお酒は燗にしない」というお店が多いのはなぜでしょう。美味しいものは「冷や」で飲んで欲しいということなのでしょうが、温めても美味しいお酒ってけっこうあると思うのですがねぇ。

日本のクリームソーダ

アメリカのクリームソーダ

緑色が「日本のクリームソーダ」

色とりどりが「アメリカのクリームソーダ」

炭酸飲料にアイスクリームを乗せた「クリームソーダ」といえば、日本人のほとんどが緑色を連想するだろう。これは日本にクリームソーダが伝えられた当初、高級品だったメロンの色を模したものが広がったという説が有力だ。ただ、発祥の地とされるアメリカでは、緑のものはほとんど見かけず、ピンクやオレンジ、ブルー、それに黒（これは「ルートビア」と呼ばれる炭酸飲料を使ったもの）を見かけることが多い。そもそもアメリカで「緑」といえば、メロンではなくペパーミントを連想する色だという。なお、海外で「クリームソーダ」といえばバニラ風味の炭酸飲料のことを指し、アイスクリームが乗ったものは「アイスクリームソーダ」と呼ぶのが一般的である。

「インスタグラム」で大注目「キャロラインダイナー」

撮影にご協力いただいたのは、東京都渋谷区にある「キャロラインダイナー」。1950年代のアメリカをコンセプトにした同店では、6種類のクリームソーダ（同店での呼び名は「フロート」）を提供しているが、このカラフルさと、オリジナルの旗、3つ並んだチェリーの可愛らしさなどから写真投稿アプリ「インスタグラム」で大人気となっている。食べ物の写真を撮る文化が広まっていることを受け、日本のクリームソーダの色も変わりつつあるようです。

日本のくるみ

イランのくるみ

姫くるみが「日本のくるみ」

ペルシャぐるみが「イランのくるみ」

世界中で親しまれている「くるみ」も、日本と世界ではその姿が異なっている。日本のくるみで紹介している「姫くるみ」や代表的な「鬼くるみ」は、その形状が小さいこともあって、農園で管理・生産されることはほとんどなく、日本では古来より主に自然に実ったものを採取して消費してきた。一方、イラン発祥の「ペルシャぐるみ」は、その形が大きいこともあり全世界に広まり、日本を含め世界各地で栽培されている。なお、くるみは形状が「脳」に似ていることから「ブレインナッツ」とも呼ばれ、実際、脳の働きにも好影響を与えるとされている。また「姫くるみ」は、その形から「ハートナッツ」とも呼ばれ、お守りにと携帯する人もいるという。

世界のナッツが食べられる「グルーヴィナッツ」

撮影にご協力いただいたのは東京都目黒区にある「グルーヴィナッツ」。店内では、世界中から集められた40種類以上のナッツがすべて同価格で量り売りされている。同じ「くるみ」でも産地によって味わいが違い、またローストの具合でも風味が驚くほど変わってきます。見て楽しく、食べて美味しいとても素敵なお店でした。鎌倉店のほかネット販売（http://groovynuts.jp/）もありますのでご利用ください。

＊グルーヴィナッツで撮影したイラン原産のペルシャぐるみは、北海道の美唄市で生産されたものです。

フランス式のコントラバス奏法

ドイツ式のコントラバス奏法

弓を上から持つのが「フランス式のコントラバス奏法」

弓を下から持つのが「ドイツ式のコントラバス奏法」

弦楽器のコントラバスの演奏法には、チェロのように弓を上から持つ「フランス式」と、弓を下から持つ「ドイツ式」の２通りがある。日本では、ドイツ式の奏者から指導された人が多い影響もあり、全体の８割ほどがドイツ式の奏者であるという。なお弓の持ち方だけでなく、ドイツ式の弓は長いなど、その弓の形状自体にも違いがある。音の差は「プロが聞けばわかる」という程度だが、ドイツ式のほうが低音が力強い一方、フランス式のほうがエッジの効いた音がでる傾向があるという。

コントラバス奏者「田中洸太郎」さんと「ガレリアコントラバッソ」

撮影にご協力いただいたのは、フリーのコントラバス奏者の田中洸太郎さん（写真向かって右）。コンサート活動だけでなく指導教室もされる田中さんの活動状況はホームページ（https://www.kotarotanakadoublebass.com/）をご覧ください。また、撮影場所を提供してくださったのは東京都東大和市にあるコントラバスの専門店「ガレリアコントラバッソ」のオーナー・吉岡伊沙生さん（写真向かって左）。同店では、落ち着いた環境で様々なコントラバスを試奏することができます。詳しくは同店のホームページ（http://www.galleria-contrabbasso.com/）をご覧ください。

日本のオオカミが神である理由

～ イメージするのが異なるもの ～

日本人にとって「緑」といえば、自然をイメージするさわやかな色。しかし、西洋では、嫉妬や未熟さ、そして不気味さなどもイメージする色だといいます。たしかに西洋のアニメなどには、緑色のモンスターなどが登場しますが、あれもこういった色のイメージによるものなのでしょう。また日本や中国などアジア圏では、黄色といえば高貴な色で、古代中国では皇帝以外にはその使用が禁じられていたともいわれています。ところが西洋を中心とするキリスト教文化圏では、黄色は「裏切りの色」とされ良いイメージをもたれていません。これはイエスキリストを裏切ったユダが黄色の服を着ていたためとされ、東アジア民族を侮蔑する「イエローモンキー」ということばのイエローも、こういった黄色の悪いイメージゆえに生まれたとされています。

このように、日本人と外国の人がイメージするものが異なるものには数字もあります。日本などの漢字文化圏では「死」と音が同じ「４」が忌避されてきました。一方、西洋のキリスト教文化圏ではその理由には諸説あるとされていますが「13」が忌避されています。

またドイツやオーストリアでは、車のナンバープレートに「18」を選ぶことが法律で禁じられています。「18」という数字が、アルファベットの順で１と８を示し、これは「Adolf Hitler」（アドルフ・ヒトラー）の頭文字を示すためです。私など「18」といえば「野球のエースナンバー」といった印象ですが、このように捉えている国があると知ると、世界の多様性を改めて感じずにはいられません。

オオカミに対する考え方も違います。オオカミといえば『赤ずきんちゃん』や『３匹の子豚』など童話や物語の世界では悪者というのが定番。でもこの「オオカミ＝悪者」という図式は西洋の考え方で、日本では長く「神様」と考えられていました。「オオカミ」の語源は「大神」にあるとされ、このように尊んでいたのは農耕民族であるがゆえ。日本では、作物を荒らすイノシシやシカなどの草食動物を食べてくれるオオカミを崇めていたのですが、逆に狩猟民族であった西洋では、オオカミは家畜であるヒツジなどを狙う悪者でしかなかったのです。

日本では信仰の対象にもなっていたオオカミですが、明治になって西洋の考え方が広まると「オオカミ＝人間を襲う」というイメージが広まり、次第に駆除の対象になり、日本に生息していたニホンオオカミは明治の終わりには絶滅したと考えられています。写真はタイリクオオカミ。

くらべる世界

Part. ②

さ行 た行

日本のサンドイッチ

イギリスのサンドイッチ

タマゴ人気が「日本のサンドイッチ」

キュウリ人気が「イギリスのサンドイッチ」

サンドイッチ発祥の地であるイギリスで、上流階級層が「ティータイムに欠かせない」と愛好しているのが「キューカンバーサンドイッチ」。つまりキュウリのサンドイッチである。英国流のレシピは、「キュウリは向こうが透けるくらいの薄さに切る」など様々なポイントがあるが、日本のキュウリサンドとのわかりやすい違いは白ワインビネガーを使うところ。この硬派な酸っぱさが、シンプルながらも食べ飽きない唯一無二の味を作り出している。この英国の「キューカンバーサンド」のように、ひとつの具材で人気なのが日本のタマゴサンド。新鮮な卵を用いた日本のタマゴサンドには世界中に熱烈なファンがおり、日本の空港に降り立ったらすぐコンビニにタマゴサンドを買いに行くという外国人もいるという。

「天のや」の「玉子サンド」と「ジョーズ カフェ」の「キューカンバーサンド」

タマゴサンドの取材にご協力いただいたのは、東京都港区にある「天のや」。「茶碗蒸しを食べているかのよう」とも評される関西風の出汁をたっぷり用いた同店の「玉子サンド」は、とりわけ日本を感じさせる味わいで手土産にも大人気。キュウリサンドの撮影にご協力いただいたのは、ロンドン発のブランド「ジョゼフ（JOSEPH）」のカフェ「ジョーズカフェ（JOE'S CAFÉ）」。東京都中央区にある商業施設「ギンザシックス」内にある同店では、日本では珍しい英国流の一品を味わえる。日本のキュウリサンドとはまったくの別物で驚くほどの美味。ぜひご賞味ください。

イギリス式の自転車バルブ

フランス式の自転車バルブ

ナット部分が大きいのが「イギリス式の自転車バルブ」

全体的に細長い形なのが「フランス式の自転車バルブ」

ママチャリからロードバイクに乗り換えたとき、タイヤに空気を入れるバルブの形が違うことに戸惑った人もいるのではなかろうか。ママチャリなどでよく見かける大きなナットのバルブは「イギリス式バルブ」と呼ばれる。高い空気圧を入れることや、空気圧の微調整はできないが、どこにでもある空気入れを使えるなど、メンテナンスのしやすさが特徴。バルブの中にある「虫ゴム」と呼ばれる部品が1年程度で破れてくるが、交換するゴムは100円ショップでも購入可能だ。一方、ロードバイクなどで用いられている「フランス式バルブ」は細長い形状が特徴で、高圧に耐えることができ、空気圧の調整も可能だ。アメリカ式バルブもあり、こちらはアメリカ発祥の「マウンテンバイク」やオートバイ、クルマに用いられている。

70年以上の歴史を数える「サイクルスタジオハクセン」

撮影にご協力いただいたのは東京都台東区にある「サイクルスタジオハクセン」。70年以上の歴史を数える同店は「機能性やデザイン性の高い自転車で街を一杯にすること」を目標に、リーズナブルな価格で幅広いラインナップの自転車を販売している。明るいスタッフの方たちがいる店内は、見ているだけでも実に楽しい空間でした。お気に入りの１台をお探しの方は、ぜひ足をお運びください。

フランスのジャンケン

インドネシアのジャンケン

出す手が4種類なのが「フランスのジャンケン」

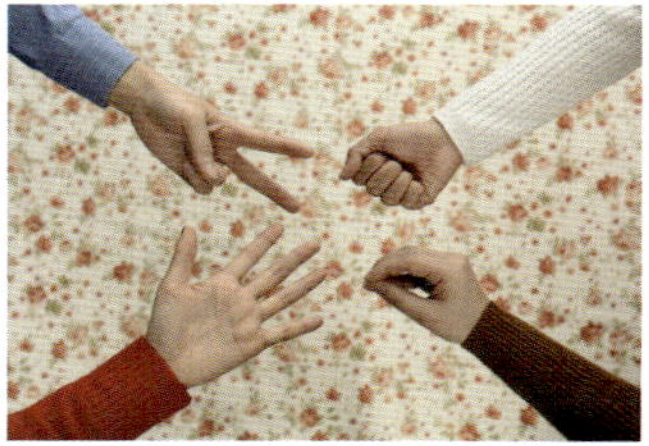

ゾウ・人・アリが「インドネシアのジャンケン」

ジャンケンは、多くの世界で行われており、日本のグー・チョキ・パーと同様に「石・ハサミ・紙」を表してるところがポピュラーだ。ただ、掛け声は多様でアメリカでは「シザーズ（ハサミ）、ペイパー（紙）、ストーン（石）、シュート！」だが、イギリスでは「ロック（石）、シザーズ（ハサミ）、ペイパー（紙）」の順となる。そんななか特徴的なのがフランスで、出す手が石を表す「ピエール」と、ハサミを表す「シゾー」、木の葉を表す「フェイユ」に加えて、筒のように手をすぼめた井戸を表す「ピュイ」がある。この井戸は石とハサミに対しては沈めることができるので勝つが、木の葉は井戸を塞ぐことができるので、これには負けとなる。インドネシアは、親指を立てる形の「ゾウ」と、人差し指を立てる「人」、そして小指を立てる「アリ」の３種類で行われる。

「ミャンマーのジャンケン」は体全体を使う

ミャンマーのジャンケンは、体全体を使って行うのが特徴的だ。ライフルを打つ構えの「鉄砲」、腰に手を当てた「上官」、手を大きく上げた「トラ」の３つを使い《鉄砲はトラには勝つが（鉄砲は下士官が持つため）上官には負ける》《上官は鉄砲には勝つがトラには負ける》《トラは上官には勝つが鉄砲には負ける》という構図で戦う。体を使うジャンケンは日本にもあり「狐拳」や「庄屋拳」などと呼ばれる。

日本のショートケーキ

アメリカのショートケーキ

スポンジでフワフワなのが「日本のショートケーキ」

ビスケットでサクサクなのが「アメリカのショートケーキ」

日本で「ショートケーキ」といえば、フワフワのスポンジを生クリームで包みイチゴを乗せたものを指しているが、これは日本人の好みに合わせてアレンジされたもの。ショートケーキの発祥の地とされるアメリカでは、「short cake（ショートケーキ）」の「short」には、「くだけやすい」「サクサクである」という意味があるように、「ショートケーキ」といえばサクサクのビスケットでクリームやイチゴを挟んだケーキを指している。日本のスポンジを用いたショートケーキは、英語で「sponge cake（スポンジケーキ）」と言い表すのが一般的である。なお日本では毎月22日が「ショートケーキの日」とされているが、これはカレンダーを見れば、22日の上は15日、つまり「イチゴ」であるためである。

日米のショートケーキが可愛い「ラ・テール洋菓子店」と「チェルシーカフェ」

日本のショートケーキの撮影にご協力いただいたのは、東京都世田谷区にある「ラ・テール洋菓子店」。地元の人から愛される名店のショートケーキは、三角形にイチゴがひとつ乗った王道の形。お菓子の装飾が店内を飾るとても可愛いお店でした。アメリカのショートケーキの撮影にご協力いただいたのは東京都渋谷区にある「チェルシーカフェ」。ニューヨークの一角にあるチェルシーの街をイメージして作られたという同店では、イチゴだけでなく様々なタイプのビスケットサンドが楽しめます。「フワフワ」「サクサク」のどちらにもそれぞれの良さがありますので、ぜひ食べくらべてみてください。

日本の城

スコットランドの城

木で造られたのが「日本の城」

石で造られたのが「スコットランドの城」

写真の日本の城は、長野県にある国宝の「松本城」。スコットランドの城は、同地から日本に移築された群馬県にある「ロックハート城」である。両者のもっともわかりやすい違いは建築材にあり、日本の城は木で、スコットランドの城は石で造られている。石のほうが丈夫だが、日本では「地震が多い」「加工に適した石が少ない」「木材資源が豊富にある」などの理由から木材が用いられてきた。また、日本の城は、基本的に武士だけが住まうところであるが、西洋や中国では、領民が住む家々も城壁で囲まれているのが一般的。これは、日本の戦いは武士階級だけのもので領民は対象としないが、異なる民族同士の戦いとなる西洋や中国では、領民も戦闘目標となるため城壁で守られているのだ。

シベリア鉄道で移送されてきた「ロックハート城」

撮影にご協力いただいたのは群馬県吾妻郡にある「ロックハート城」。1829年にスコットランドの首都・エジンバラの南西50キロの位置に、スコットランドの独立を勝ち取った英雄を祖先に持つウィリアム・ロックハートによって建てられた。なお1988年、この城が日本に移築、復元されることになった際の移送には、当時のソ連のゴルバチョフ書記長の承諾を得てシベリア鉄道も用いられている。現在、観光スポットとしてだけではなく、結婚式場としても人気を集めています。

品川区とジュネーヴ市の縁を取り持つ寺の鐘

～ 姉妹都市の物語 ～

国際交流などを目的とした都市同士の関係を「姉妹都市」と呼びますが、この端緒は、1893年にスイスのベルンとアメリカのノースカロライナ州のニューバーンとの間で結ばれたものだとされています。ニューバーンは、スイスのベルンからの移民によって作られた町。つまり移民元と移民先の交流を目的として姉妹都市の締結は始まりました。

日本では、1955年に長崎市とアメリカのミネソタ州にあるセントポール市で結ばれたのを皮切りに1990年代の前半にかけて多くの姉妹都市締結がなされました。その理由としては「気候風土が似ているから」「地場産業が同じだから」「英語圏との都市交流を求めて」といったものが多数を占めていますが、詳細に見ていくと、とても興味深い理由で姉妹都市締結に至っている事例がいくつかあります。

たとえば、青森県にある三沢市とアメリカのワシントン州にあるウェナッチ市は、ある飛行機がその縁を取り持っています。1927年に「翼よ、あれがパリの灯だ」という名台詞を残したリンドバーグが大西洋無着陸横断飛行を成功させると、世界中の飛行機乗りは初の太平洋横断飛行を目指します。このとき出発点として選ばれたのが、青森県の三沢市にある淋代《さびしろ》海岸。太平洋横断の距離がもっとも短く、離陸に適した長くて固い砂浜があることがその理由でした。そして1931年、三沢市を飛び立った飛行機「ミス・ビードル号」がウェナッチ市までの飛行に成功。これを縁として両市は姉妹都市になったのです。

東京都品川区とスイスのジュネーヴ市は、お寺の鐘（梵鐘）が縁となっています。日本の幕末期、品川区にある品川寺《ほんせんじ》にある大梵鐘が盗難に遭い、捜索の結果、スイスのジュネーヴにあるアリアナ美術館に収蔵されていることがわかりました。この後、日本からの返還願いが認められて鐘は日本に戻りますが、1964年の東京オリンピックの際にはスイスの選手団が品川寺を訪れてこの梵鐘を拝観するなど交流が続き、両都市は姉妹都市の関係になっています。

その他にも、人間将棋を行っていることで有名な山形県の天童市は、人間チェスを行っているイタリアのマロスティカ市と。鹿児島県の西之表市とポルトガルのヴィラ・ド・ビスポ市は鉄砲伝来が縁と、

数多くの偉大な発明をしたトーマス・エジソン（1847-1931）は、白熱電球の素材に世界のあらゆる素材を試み、京都府八幡市の竹を用いることで成功しました。この縁で京都府の八幡市と、エジソンの生誕地であるアメリカのオハイオ州にあるマイラン村は、姉妹都市関係にあるのです。写真は京阪電車の八幡市駅前にある「竹と白熱電灯のオブジェ」。

興味深い姉妹都市関係はまだまだあります。

おそらくあなたが住んでいる町にも、姉妹都市関係にある外国の都市があるはず。昨今、注目されることのない姉妹都市ですが、国際交流のひとつの契機として、改めて見直してみてはいかがでしょうか。

日本のススキ

アルゼンチンのススキ

動物の尾を連想させる穂が「日本のススキ」

大きくふわふわとした穂が「アルゼンチンのススキ」

古くから和歌や日本画の題材にもなってきた「ススキ」だが「西洋ススキ」と呼ばれるものもある。それが「シロガネヨシ」とも呼ばれる「パンパスグラス」で、この「パンパス」とは原産国であるアルゼンチンにある平原の名前を指す。日本のススキよりも穂の部分が大きく、ふわふわとしているのが特徴。一方、日本のススキは「尾花」という別名からもわかるように、動物の尾を連想させる穂で、西洋ススキよりは小ぶりである。なお日本のススキは、かつて「茅葺き屋根」の材料として多用されていた。各地に残る「茅場」という地名は、こういった屋根材となるススキを扱っていた場所とされている。

日本と海外では「スズメ」が違う？

海外旅行中、スズメを手に乗せてエサを与えている人を見た経験はないだろうか。こういった情景を見て「日本人はスズメをいじめてきたから人を怖がっているのだ」と考える人もいるようだが、これはスズメの種類が違うことに起因している。日本の「スズメ」は、スズメ科スズメ属のひとつの種の名前だが、このスズメは人に近づかない。一方、人に近づくのは日本には生息していない「イエスズメ」という種類で、こちらは積極的に人に近づいてエサをもらう。海外旅行では、日本の「スズメ」との違いにも注目してはいかがでしょうか。

モロッコのソーセージ

タイのソーセージ

メルゲーズが「モロッコのソーセージ」

サイウアが「タイのソーセージ」

牧畜民族が、家畜を余すところなく食べ尽くすにはどうすればいいか——という考えから生まれたというソーセージは、世界各国にその国の文化を表す形で存在している。モロッコやチュニジア、アルジェリアで親しまれている「メルゲーズ」というソーセージは、豚を食べないイスラム教徒が多い土地柄もあり、羊の腸と肉（あるいは牛肉）を使ったもの。フランスでもポピュラーでクスクスを添えて食べるのが一般的。一方、タイの北部にあるチェンマイの郷土料理の「サイウア」はレッドカリー風味のソーセージ。レモングラスなどのハーブもふんだんに使われており、「タイ料理」がこのソーセージの中で再現されている。タイはドイツに次ぐソーセージ大国ともいわれ、スーパーや街の屋台でも盛んに売られている。

世界のソーセージを作る「村上武士」

撮影にご協力いただいたのは、世界のソーセージ「hayari」のオーナーシェフ・村上武士さん。20カ国以上、70種類以上を作ってきたという村上さんのソーセージは、結着剤や保存料などを一切使わない天然素材だけで作られたもの。いくつかいただきましたが、1本のソーセージの中にその国が表現されており素晴らしい料理でした。山梨県の上野原市にソーセージ工房兼カフェがあるほか、ホームページ（http://hayari-sausage.com/）でも購入可能です。ぜひ一度ご賞味ください。驚きのソーセージです。

ロシアのそろばん

中国のそろばん

玉を横に動かすのが「ロシアのそろばん」

玉を縦に動かすのが「中国のそろばん」

「そろばん」は、中国で生まれた当時は右の写真のように上の玉が２つ、下の玉が５つあるのが一般的であった。これは古来より使われている「斤」という単位が《１斤＝16両》であるためだ（１列で15まで数え16になると上の位になる）。これが日本では、上の玉が１つ、下の玉が４つになった。これは「十進位取り記数法」（「数が10になると１つ上の位にあがる十進法」と「数字を並べて書くときその位置によって大小を表す位取り」を合わせたもの）に適ったもので、現在の世界標準となっている。また中国のそろばんでは「団子の形」だった玉を、弾きやすいように「ひし形」にしたのも日本での工夫である。珍しい変化を遂げたのがロシアのそろばん。ルーブルという通貨単位を数えやすいように工夫されているのだが、玉を横に動かして数えるのは他国には見られない特徴である。

＊「中国のそろばん」の写真では、上の玉を中指で操作していますが、これは中国そろばんの方式です。

古今東西の資料が揃う
「日本そろばん資料館」

撮影にご協力いただいたのは東京都台東区にある「日本そろばん資料館」。世界や日本各地の珍しいそろばんや、そろばんに関する工芸品や資料が多数揃う同館は、予約をすれば誰でも見学可能です（開館は祝祭日を除く月曜～金曜の10時～16時）。現在、学校教育でそろばんを使ったり、そろばん塾がある国は世界でおよそ50カ国。少し意外なところでは、ハンガリーがとてもそろばん教育に熱心なのだそうです。

日本の太鼓

パプアニューギニアの太鼓

牛の皮を使ったのが「日本の太鼓」

トカゲの皮を使ったのが「パプアニューギニアの太鼓」

打つだけで音が出る太鼓は、世界でもっとも親しまれている楽器のひとつで、その形態も国によって様々。その特徴が現れるポイントのひとつが打つ鼓面の素材で、日本の太鼓は、牛と馬のものが多い。写真の日本の太鼓は牛の皮を使ったものだが、これに対してパプアニューギニアの太鼓はトカゲの皮を使ったもの。同国の太鼓は細長い円筒形で、皮を張った面が片面なのが特徴で、トカゲのほかネズミの皮を使ったものも多い。このように身近な動物の皮が用いられており、アフリカの太鼓にはキリンの皮を使ったものもある。なお、日本を含む東アジアの太鼓の特徴として、皮を留めるのに鋲をたくさん用いるという点も挙げられる。

世界の太鼓を実際に叩くことができる「世界の太皷資料館 太皷館」

撮影にご協力いただいたのは、和太鼓と神輿の老舗メーカー「株式会社宮本卯之助商店」が運営する「世界の太皷資料館 太皷館」。東京都台東区の浅草にある同館では、アジア、アフリカ、ヨーロッパ、アメリカなど世界各地の太鼓が集められており、その多くを実際に叩くことができる。見たこともない太鼓に触れる楽しさは他では味わえませんので、浅草観光の際などにぜひお立ち寄りください。入館料は大人500円、小学生150円。月曜日と火曜日が休館（月曜が祝日の場合は開館）です。

日本の庭園

フランスの庭園

見立てるのが「日本式庭園」

左右対称が「フランス式庭園」

美しい花や木を植え、これを眺めたり散歩したりして楽しむ「庭園」は、国によって様々な形をしている。日本の庭園の特徴のひとつが、樹木や石を利用して自然の景観を再現する「見立て」。写真の日本式庭園の池は、島や石などを配して琵琶湖に見立てたものだ。このようにいろんな手法で自然を再現しようという日本式庭園とは大きく異なる特徴なのが、フランス式の庭園。生垣などを利用して幾何学模様をデザインするなど人工的な美しさがポイントで、最大の特徴は左右対称であること。なおフランスと同じ西欧の庭園形式に「イギリス式庭園」があるが、これは曲線や起伏を多用して自然な景観美を再現したものである。

「水戸光圀」ゆかりの「小石川後楽園」と「宇都宮大学」の「フランス式庭園」

日本庭園の撮影でご協力いただいたのは、東京都文京区にある「小石川後楽園」。江戸時代初期、水戸徳川家の祖である頼房がその屋敷に造ったもので、二代藩主・水戸光圀のときに完成した。池を中心とした回遊式築山泉水庭園で、中央の池は琵琶湖を見立てている。フランス式庭園の撮影でご協力いただいたのは栃木県宇都宮市にある「宇都宮大学」。フランス式庭園は、1926年（大正15年）に完成した歴史あるもので、宇都宮市の「うつのみや百景」にも選ばれており市民の憩いの場となっている。写真右上の峰ヶ丘講堂と共に同大学の素晴らしいシンボルです。

オランダのドーナツ

アメリカのドーナツ

穴が開いていないのが「オランダのドーナツ」

穴が開いているのが「アメリカのドーナツ」

世界中で愛されているドーナツの発祥地はオランダで、当地のドーナツといえば「オリーボーレン」という穴の開いていないもの。これが渡ったアメリカで、球形だと中まで火が通っていないことがあるからと、穴を開けた「リングドーナツ」が作り出されて世界に広まったとされている。ドーナツの穴も、アメリカ人らしい合理性の賜物だといえるのだ。なお「オリーボーレン」は、今でもオランダ国民から愛されており、とくに「年越しに欠かせない食べ物」という日本の「年越しそば」のような位置付けになっている。

世界のドーナツが楽しめる「JACK IN THE DONUTS」

撮影にご協力いただいたのは「JACK IN THE DONUTS（ジャック イン ザ ドーナツ）」のヨドバシカメラ秋葉原店。「世界のドーナツが楽しめる」をコンセプトとする同店では、ハワイのドーナツ「マラサダ」や、フランスのドーナツ「クリームブリュレ」なども楽しめる。オリーボーレンは、上品な甘さで「穴の開いたのよりこっちが美味しい」と我が家の子どもたちにも大人気でした。「JACK IN THE DONUTS」は東京だけでなく全国展開されていますので、場所を検索のうえ、オランダのドーナツを味わいに行ってみてください。

日本と欧米の交差点の違い

～「ラウンドアバウト」の走り方～

日本のほとんどの交差点では、単純に道と道を平面上で交差させ、交通量が多い場合には信号機を用いる「平面交差」と呼ばれる方式が採用されています。そしてより交通量が多い地点では、道を地下に潜らせるなどした「立体交差」が用いられているわけですが、欧米では「環状交差点」、英名「ラウンドアバウト」と呼ばれる交差点が広く用いられています。

この交差点の中央には円形スペースがあり、信号機がないのが特徴。環状部分を一定方向（左側通行なら時計回り、右側通行なら反時計回り）に通行し、行きたい道へと進んでいきます。

多くの日本人にとって馴染みの薄い「ラウンドアバウト」ですが、実は2014年9月から国内でも本格運用され始め、都内にも1カ所あるというので行ってみました。

「桜ヶ丘環状交差点」と名付けられたその交差点は、それほど交通量も多くなさそうな多摩市の住宅街にありました。何度か道を変えて通行してみたのですが、たしかに信号がないため素早く交差点を通過することができます。

このように信号待ちがないこと、優先すべき車が常に一方向からしか来ないため安全の確認が容易であることが、この環状交差点の利点。実際に走ってみると、たしかに便利だなと感じるのですが、日本ではまだまだ普及していないのは、それなりの理由がありました。

まず、用地買収の問題。一般的な交差点にくらべて円形スペースも必要なので、広い土地が必要になります。また歩行者がいる場合、止まって歩行者の通行を優先させるのですが、その数が多ければ、すぐに渋滞が発生してしまいます。

慣れの問題もあります。

世界にある環状交差点のなかでとりわけ有名なのは、フランスのパリにある中心に凱旋門を据えたシャルル・ド・ゴール広場のもの。この環状交差点の動画が「YouTube」内にいくつかアップされ

東京都多摩市にある「環状交差点」。ご覧のように信号がないため停電時にも混乱が起きないのが利点。今後、交通量が少ない場所から、導入を進めてみてはとも思います。

日本の「美しい交差点」として人気のある東京都港区にある「赤羽橋」の交差点。交通量が多く、また歩行者も多数利用する場所では、まだ現状の「平面交差点」が日本には適していると感じます。

ているのですが、これを見ると環状部分にどんどん車が入ってきて、上手に運転するのは難しそうで怖ささえも感じます。

　このため、欧米ではラウンドアバウトに進入する際「ロータリー内を走る車を優先する」というルールがあるだけですが、日本では現状、環状交差点に入る際には一時停止が義務付けられています（余談ですが、欧米人は赤信号であっても車がこなければどんどん渡っていきますが、日本人の多くは車が来ていなくても赤信号ならば止まっています。この違いを生んだのは、このラウンドアバウトの有無のような気がします）。

　海外でラウンドアバウトに慣れ親しんでいる人からは「慣れれば便利」という声もよく聞きます。停電した際などにも交通混乱が起きないわけです

「環状交差点」を示す標識とともに「止まれ」の標識が設置されているのが、現状の日本のルール。海外では、止まることなく環状部分に進入するのが一般的です。

東京に来た外国人旅行者で「スクランブル交差点」を見ずに帰る人のほうが珍しいともいわれるほどの観光名所。１回の青信号で、多いときには3000人が通行するともいわれ、これだけ多くの人がぶつからずに歩くことが、外国人には信じられないのだそうです。

から、今後、通行量の少ない交差点から、ラウンドアバウトも増えていくのではないでしょうか。

さて、このように日本人にとってはまだまだ珍しい「環状交差点」ですが、外国人にとって珍しいのが渋谷にある「スクランブル交差点」です。数年前から、この交差点で写真を撮る外国人観光客の姿が話題になっていましたが、今やいつでもそんな姿を見かけます。そして今回、渋谷の「ロフト」に行った際に、スクランブル交差点のTシャツやキーホルダーが売られているのを見て、もう完全に観光地化したなと感じました。この人気の背景には『ロスト・イン・トランスレーション』などの映画の影響があるようですが、外国人が日本のどんなところに興味を抱くのかは、なかなか日本人自身には予測しかねるところがありますね。

＼おかべたかしの／

外国人による日本が舞台の映画を観てみた

今、渋谷のスクランブル交差点が外国人に大人気ですが、この人気の一因に『ロスト・イン・トランスレーション』という映画があるというので、観てみました。2003年に公開されたアメリカ映画で監督はソフィア・コッポラ。彼女はこの映画でアカデミー脚本賞を受賞しています。

粗筋を書いておきますと、主人公は２人の男女。１人は、ＣＭ撮影のために来日した中年映画俳優のボブ・ハリス（演じるのはビル・マーレイ）。もう１人は、売れっ子カメラマンの夫と共に来日した若い人妻のシャーロット（演じるのはスカーレット・ヨハンソン）。ボブは異国での仕事とアメリカで待っている妻とのギクシャクした関係に疲れ、シャーロットは夫が仕事で忙しく、異国での時間を持て余している。そんな２人が出会って東京での時間を共にするうちに……というお話です。いろんな視点で語ることができる映画ですが「外国人から見た日本」という点で印象深かったことを記してみます。

まずオープニング。来日したボブの車が新宿の大ガードをくぐって、左手に歌舞伎町のネオンを見ながら靖国通りを進みます。ここで疲れた様子だったボブが窓の外を珍しそうに眺めるのですが、この風景こそ外国人が驚く「トーキョー」だと改めて感じました。建物に統一感のある欧米の大都市からきた外国人は、不揃いのビルが並び派手な看板が多い東京の雰囲気に驚くという話を聞きますが、まさにこの新宿こそ、そんな驚きの景色そのもの。印象的な「三千里薬品」のネオンも、大きく映されます。

この風景と対照的なのが、２人が宿泊するホテル「パークハイアット東京」。こちらは西新宿にありますが、先ほどの風景とは大きく異なって豪華で洗練されている。同じ新宿に、このように異質な光景があることも、この地が舞台になった理由のように思います。このホテルの部屋やメインバーである「ニューヨークバー」が物語の舞台の大きな部分を占めるのですが、たびたび窓の外の景色も映り込むように撮影されています。この上層階にいるというカメラアングルが、文字通り「地に足が着いていない雰囲気」や寂寥感を上手に演出していて見事でした。

スクランブル交差点は、シャーロットが何かに迷っていることを表す象徴のように使われていると感じました。交差点を通る人が目にする「QFRONT」のビジョンに大きな恐竜が映し出されるのですが、あれも何かを伝える演出なのでしょうかね。とても記憶に残るシーンでした。

個人的に面白かったのが、シャーロットがボブと別れてエレベーターに乗るシーンで、彼女が乗ったエレベーターのドアが閉まったとき、そのドアにお辞儀をしているホテルマンの姿が映る場面です。「エレベーターのドアが閉まってもお辞儀をしている日本人に驚いた」という外国人の声を聞いたばかりだったので、細かな部分にも「驚きの異国」が詰まった映画だなと感じました。

普段、見ている東京の新たなる姿を感じることができる映画。主人公の２人が「トーキョー」に心を許していくたびに、その映像が柔らかくなっていくのが素晴らしい。機会あればぜひご覧ください。

この新宿のネオンが、外国人が驚く「トーキョー」の一場面。宿泊するのは「パークハイアット東京」で、ボブが出演するのは「サントリー」のＣＭ、出演する日本のテレビ番組の司会は「藤井隆」とリアルさを徹底して追求しているのがすごい。

CROPTON
Brewery
SPATEN
München

くらべる世界

Part. ③

な行　は行　ま行　や行　ら行

イギリスのネクタイ

アメリカのネクタイ

向かって右上がりのストライプが「イギリスのネクタイ」

向かって左上がりのストライプが「アメリカのネクタイ」

「レジメンタル・ストライプ・タイ」（以下「レジメンタルタイ」）の「レジメンタル（regimental）」とは「連隊の」という形容詞である。イギリス軍の部隊編成の単位であった「連隊」の旗が斜めのストライプであったことから、レジメンタルタイといえば、この斜めストライプのネクタイを指す。このストライプは、イギリスでは右上がり（向かって「ノ」の字）であったが、アメリカでは向きを逆にしたものが販売され人気となった。以降、右上がりがイギリス式で、左上がりがアメリカ式と呼ばれている。なおイギリスの名門大学には、独自のレジメンタルタイの柄があり、同窓会などで身につける習慣がある。このようにレジメンタルタイは、国柄や出身大学などを暗に示すことにつながるため、公式の場では身につけないほうが無難といわれている。

アメリカの伝統ファッションを提供する「フェアファクスコレクティブ」

撮影にご協力いただいたのは、東京都渋谷区に本社のあるネクタイメーカー「フェアファクスコレクティブ」(http://www.fairfax-collective.com/)。1976年創業の同社は、創業者が昭和40年代に流行したアメリカ東海岸発の「アイビーファッション」に大きな影響を受けたこともあり、伝統的なアメリカンテイストを商品に反映させている。日本で販売されているレジメンタルタイのほとんどはイギリス式ですが、アイビーファッションの愛好家などには、アメリカ式も根強い人気があります。

イギリスでは警官でさえも銃をもたない

～ アメリカとイギリスの違うところ ～

向かって右上がりのストライプはイギリス式で、その逆がアメリカ式。知らないときは、まったく気にもしなかったネクタイのストライプの向きですが、この事実を知ってからというもの、ネクタイが気になって仕方ありません。

本文でも書きましたが、日本で販売されているほとんどがイギリス式なので、街で見かける大半がこのタイプ。日本ではあまり知られていないことなので「イギリス式だから」と意図して選んでいる人も、ほとんどいないでしょう。ただアメリカ式は数少ない分、意図して選んでいる人もいるように思います。

そんなひとりと推察するのが、安倍晋三首相です。トランプ大統領との会見の場など、アメリカ式のネクタイを締めているケースがとても多いのです。もともとアメリカスタイルのファッションが好きか、もしかしたら会見する国に応じて服装にも気を使っているのかもしれません。ただ、そうならばイギリスの首相と会談するときはイギリス式のネクタイを締めるのだろうか——と興味が尽きません。

アメリカとイギリスの意外な違いはまだあります。そのひとつが銃に対するスタンスです。

改めていうまでもなく、アメリカは銃大国。銃乱射事件で一般市民が巻き込まれるニュースが報道されるたびに、銃を規制しない現状に疑問を抱かずにはいられません。一方、イギリスは銃の規制が大変厳しく、警官でさえも所持することが禁じられています。

アルコールに対する規制に関しては銃と逆で、アメリカが厳しく、アメリカ全土で飲酒可能な年齢は21歳以上。また屋外や公共の場での飲酒も基本的には禁止されています。一方、イギリスは18歳以上が飲酒可能で、親が同伴している食事の場ではビールやリンゴの発泡酒であれば16歳から飲酒可能です。

この他、王室の有無や、スポーツの好みなど、日本人からは「似たような国」と思われがちな両国には、想像以上に違うところがあります。

なお、イギリスの人には「アメリカ人と思われたくない」という人も少なからずいるという話も耳にしますので、英語で話しているからといって「アメリカの方ですか？」と尋ねるのはやめたほうが無難。また「イギリス」は「イングランド」「スコットランド」「ウェールズ」「北アイルランド」の4つの国の連合であり、ここにおいても他地域の人と混同されたくないという感情もあると聞けば、どこまでいっても複雑といえば複雑。こちらで早合点せず、まず相手がどこの出身かを知ることが、円滑な対応の第一歩なのですかね。

「親が同席の食事の場では16歳からビールが飲める」というイギリスの飲酒規定がユニークだったので、世界のものを調べると、もっとも年齢を高く設定しているのがアメリカなどの21歳。18歳がいちばん多いようで、ドイツやイタリアなどヨーロッパには16歳からお酒が飲める国がいくつもあります。なお、中米カリブ海のアンティグア・バーブーダでは、なんと10歳から飲酒可能なのだそうです。

日本の箸

韓国の箸

木製なのが「日本の箸」

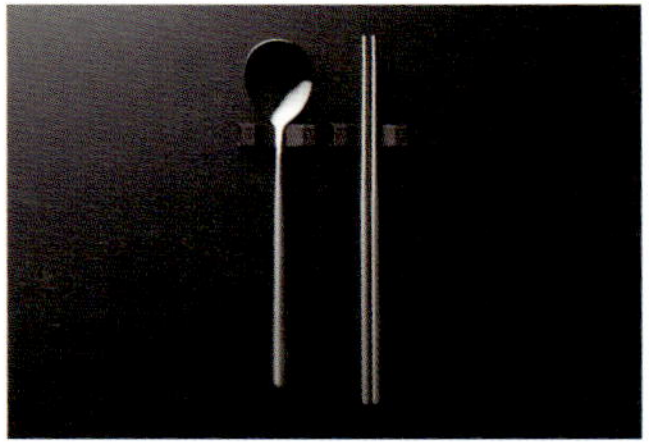

金属製なのが「韓国の箸」

日本と韓国の箸は、その素材が異なっている。日本の箸は木製のものが主流だが、韓国ではほとんどが金属製。これは古来の宮廷において、毒に反応して変色する銀製の食器が使われていたことの名残とされている。また日本ではご飯もおかずも箸で食べるが、韓国ではご飯と汁物は「スッカラ」と呼ばれる匙で食べ、おかずだけを「チョッカラ」と呼ばれる箸で食べる。この匙と箸を使い分けるのは中国も同じで、米を「つまむ」必要がないため、両国の箸は先端が尖っていない。また日本では、箸は横向けに置くが、韓国と中国では匙と共に縦に置く。なお男女で箸の長さが違う「夫婦《めおと》箸」や、箸を個人のものと考えるのも日本独特の文化である。

箸の専門店「みくら」

撮影にご協力いただいたのは、東京都台東区にある箸の専門店「みくら」。「日本の箸」として撮影したのは、同店で一番人気の「江戸木箸七角削り」。四角や八角にくらべて削るのが難しい分、独特の美しさがある。店内には500種類以上の箸があり、納豆がかき混ぜやすい「納豆箸」や、魚が食べやすい「魚箸」などの変り種も。昨今は、大人の方が「もう一度練習する」と練習用のお箸を買われるケースも増えているそうです。

イギリスのパンに塗るもの

オーストラリアのパンに塗るもの

ベジマイトが「オーストラリアのパンに塗るもの」

マーマイトが「イギリスのパンに塗るもの」

日本の納豆や梅干しなど「外国人には理解できない味」というのは、どの国にもあるだろうが、イギリスの「マーマイト」とオーストラリアの「ベジマイト」もそういった食べ物のひとつだ。「どちらもパンに塗って食べる」「どちらも同じような瓶に詰められている」「名前も似ている」ことから並び称されることが多い両者は、共にビールの醸造過程で沈殿した酵母を主原料としている。中身はゲル状で黒く、一見するとピーナッツクリームのようにも思えるが、味はとても塩辛い。しかし「食べ慣れると癖になる」という人も多く、イギリスやオーストラリアでは常備している家庭も少なくない。その塩辛さから健康に悪そうに思えるが、ビタミンBを効率よく摂取できる健康食品であり、マーマイトはイギリス軍の糧食に採用されたという歴史もある。

どっちが美味しい？
実食「マイト兄弟」

撮影後「マーマイト」と「ベジマイト」の「マイト兄弟」を実食してみました。見た目は思ったよりも違っていて、マーマイト（写真・左）はご覧のように少し赤味がかっているのに対してベジマイトは真っ黒です。またマーマイトのほうは少し粘り気があるのが特徴でしょうか。気になる味ですが、マーマイトは食べた瞬間から大変しょっぱい。ただ、そのうち酸味も感じてきて、たしかに酵母というか発酵味のようなものもある。なるほど、癖になる感じはわかりますね。ただベジマイトはひたすら塩辛さしか感じられず、個人的にはマーマイトに軍配を上げておきます。先生が英語の授業の罰ゲームに使っているという話を聞きましたが、それはナイスアイデア。機会があればぜひトライしてみてください。

イギリスのビール

ドイツのビール

エールビールの代表的存在が「イギリスのビール」

ラガービールの代表的存在が「ドイツのビール」

ビールは大別すると、発酵が進むとビール酵母が表面に浮き上がる「上面発酵」と、タンクの底に沈む「下面発酵」の2種類に分類でき、前者を「エールビール」、後者を「ラガービール」と呼ぶ。歴史はエールビールのほうが古いが、低温で発酵するラガービールは大容量の生産と管理がしやすいため、現在、世界で造られる8割以上がこのラガービールである。ただ近年、このラガービールと差別化を図る意味もあり、エールビールを作る小さな醸造所が増えている。イギリスはエールビールの発祥地ということもあり、この酸味豊かなビールを愛好する人が根強く多い。一方、ラガービールの発祥の地はドイツで、同国の「シュパーテン」という醸造所が発明したもの。エールビールよりも苦味が際立つのが味の特徴である。

5つの国のカウンターを再現「世界のビール博物館」

撮影にご協力いただいたのは、東京都墨田区にある「世界のビール博物館」東京スカイツリータウン・ソラマチ店。同店ではドイツ、イギリス、アメリカ、チェコ、ベルギーのバーカウンターが再現されており、本場の雰囲気で世界各国250種類以上のビールが味わえる。撮影したビールは、イギリスのエールビール「クロプトンエンデバー」とドイツのラガービール「シュパーテンミュンヘナーヘル」。どちらも実に個性的で、造られた国を意識して飲んだためか、いつも以上に美味しく感じました。

＼山出高士の／

東アジア焼酎味くらべ大会

アパレル関連の仕事をしているパパ友の清田さんは、年に２、３度、工場の視察で中国に行くたびに「白酒《パイチュウ》」の洗礼を受けるという。白酒とは高《コー》粱《リャン》（イネ科モロコシ属の一年草）や米を原料に作られた中国の蒸留酒で、50度を超えるものがほとんどという強いお酒である。歓迎の宴では、円卓の中央に小さなガラスの盃と白酒があり、客人をもてなそうと現地の人が盃を持って乾杯にくる。それもたくさん飲んでもらうのが「もてなし」であると考えられているので、どんどん勧めてくるが、これを全部飲んでいては大変なことになるという。そりゃそうだ。大変なことにはなりたくないが、前から一度「白酒」を味わってみたいとは思っていた。

「白酒」は「中国の焼酎」といわれることもある。ならば韓国と日本の焼酎を交え「東アジア焼酎味くらべ大会」を開いてみよう。韓国の焼酎といえば「Jinro」が真っ先に思いつくが、最近は同じ眞露酒造から出ている「チャミスル」が人気だと聞くのでこちらを選出。日本からは、芋焼酎の勇「白波」に白羽の矢を立てたい。優劣を決めるのではなく、お互い焼酎としての個性を確認し、我が胃の中で「頑張って行こうぜ焼酎！」と肩を組んでくれれば嬉しい。では「東アジア焼酎味くらべ大会」始めます。

まずは買い物にと新大久保にある中国食材店に向かった。すると店内のいちばん目立つところに白酒がある。それも周恩来が田中角栄をもてな

今回の各国代表。左から韓国の「ジョウンデー」のスカーレットと、「チャミスル」が2種。真ん中が日本の「白波」、右が中国の「瀘州老窖特曲酒」という白酒。コスパが一番いいのはチャミスル。

韓国スーパーの店頭には「チャミスル」のほか韓国焼酎がずらりと並ぶ。

中国食材店の店頭では「白酒」の原料である高粱も売られていた。

今回飲んだ「白酒」はアルコール度数52%。やはり強い。

した「国酒」とされている「茅台酒」と、五つの穀物から造られたという中国で一番人気の「五粮液」が並んでいるではないか。夢のツートップではあるが、値段はともに1万円をオーバー。そんな予算はないので、安いながらも美味いと評判の「瀘州老窖特曲酒」という銘柄をゲット。こちらは500mlで720円である。

続いて同じ新大久保にある韓国スーパーに行き保冷棚を覗くと、緑の小瓶の「チャミスル」がずらりと並んでいる。店員さんにオススメを聞くと「男性にはアルコール度数の高い『クラシック』、女性には度数が軽めの『16.9』が人気ですね。果物味で人気なのは『スカーレット』です」とのお答え。「スカーレット」とはグレープフルーツ味のことで、こちらは「チャミスル」ではなく「ジョウンデー」というブランドのもののようだ。勧められた3本を専用のショットグラスと共に購入した。チャミスルは360mlのものが1本で298円である。

日本の焼酎「白波」は、近所のスーパーで900mlのものを1000円で購入した。2003年頃の焼酎ブーム以前から、東京で気軽に手に入った芋焼酎といえば「白波」だったと記憶している。昔から好きなお酒だったが、焼酎ブーム以前は匂いを気にする人が多かった。

スタジオに戻り、各国代表の記念写真を終えてからいよいよ飲みくらべ開始。

まずはいちばんパンチのありそうな中国代表「瀘州老窖特曲酒」。ショットグラスに注ぐと爽やかな酸味のある香りが部屋中に広がる。一口含むと舌先がピリピリして口の中全体で揮発している感じ。甘味と酸味のある香りが鼻腔を抜けていく。穀物ではなく果実の香りだが、柑橘系ではなくパイナップルとも少し違う。うーん、青リンゴに近い。残りを一気にあおってみると、喉元がカッと熱くなり、暖かな液体がゆるゆると食道を伝って落ち、力強い香りが余韻長く上がってくる。原料の高粱が生い茂る画像をネットで確認していて、穀物のような香りを予想していたのがまったく違う。良い方に裏切られた。ケーキや洋菓子のアクセントに使うと良いのではないだろうか。「白酒」のアフォガードとかどうだろう。

次は韓国代表「チャミスル」。「白酒」より馴染みがあるが飲むのは初めて。お勧めの飲み方だというので、しっかり冷やしてから専用のショットグラスに注いだ。香りは強くないが、口に含むと人工的な甘さと香りが広がる。「チューインガムのよう」とメモしてから原料を見ると「キシリトール」が入っていた。ビンゴである。アルコールは強く感じず、口の中は甘く平和である。辛い韓国料理とは、かなり相性が良さそうだ。グレー

「瀘州老窖特曲酒」という白酒は、キャップから注ぎ口が飛び出しておりとても注ぎやすい。

「白酒」をバニラアイスにかけてみた。バニラの風味と合わさってビターな味わいになる。少量でも十分美味い！

「チャミスル」は日本の酒税法だとリキュール酒に分類される。

「チャミスル」は専用ショットグラスで飲んだ。韓国海苔でもいいが、もっとパンチのある食べ物が合うと思う。

プフルーツ味も試してみたのだが、こちらはさらに甘い！　相当甘い！　柑橘系のフレーバー水に甘味をガッツリ足して少し焼酎を混ぜた感じ。飲み過ぎると悪酔いしそうだ。

最後は日本代表「白波」。飲むことに何の迷いも怖れもない。気心知れた友人と挨拶を交わす様なものだ。いつものお湯割ではなく、今回は常温をショットグラスで味わってみたところ、一口含んだ瞬間「良質な水」と感じた。口当たりも良い。舌先で丸く、喉元を四角く刺激して落ちてゆく感覚。追っかけお芋の柔らかい香り。刺身ならしっかり寝かせた白身、鰹や鮪の赤身と合わせたい。馬刺があればいうことなしだ。

飲みくらべを終えて、試飲メモを見ながら余韻に浸る。「白酒」の鮮烈な香りに驚いた。韓国料理に寄り添う「チャミスル」に感心した。「白波」の質の高さを再確認した。実によい大会だったと思い返していたとき、小さなしゃっくりとともに「白酒」の強い香りが戻ってきて「チャミスル」と「白波」の余韻を吹き飛ばした。「白酒」強え。

ベルギーのフライドポテト

カナダのフライドポテト

フリッツが「ベルギーのフライドポテト」

プーティンが「カナダのフライドポテト」

ベルギーの人たちが「国民食」と考えているのが「フリッツ」と呼ばれるフライドポテトである。世界的には「フレンチフライ」と呼ばれるこの揚げたジャガイモは、このベルギーが発祥とされ、国内には多数の専門店があるほどに生活に根付いたもの。一度、加熱処理したものを揚げたことによる「中はホクッ。外はカリッ」とした食感が特徴だ。一方、「メープルシロップ以外にめぼしい食がない」といわれるカナダの人たちが「我が国の味」と考えているのが「プーティン」と呼ばれるフライドポテト。チーズとグレイビーソース（調理した肉から出た肉汁をベースにしたソース）をポテトにかけるのが特徴で、他に類のない独特の風味をもっている。

「フリッツ」の「アンド ザ フリット」と
「プーティン」の「ロブソンフライズ」

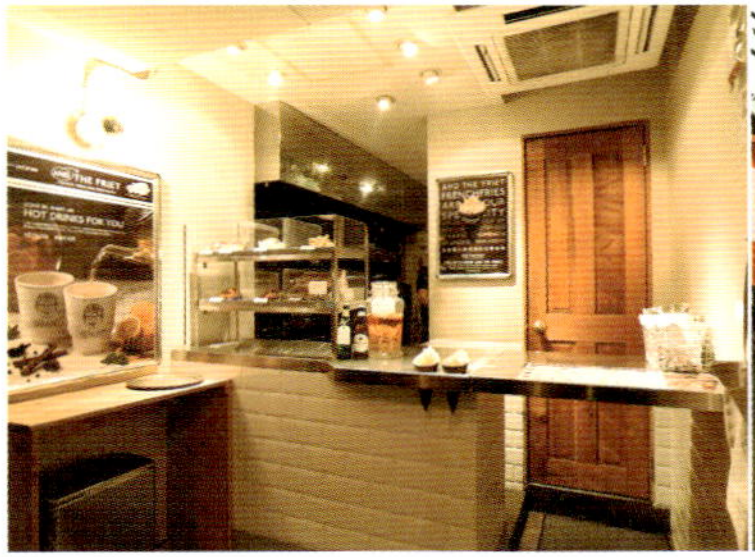

「フリッツ」の取材でご協力いただいたのは、東京都渋谷区の広尾ほか全国に4店舗を構える「アンド ザ フリット」。ベルギーから直輸入した「ビンチェ種」など、世界から厳選した芋を使い、本場の味を再現している。一方「プーティン」の取材でご協力いただいたのは、東京都世田谷区にある「ロブソンフライズ」。日本では珍しいプーティンの専門店とあってカナダ人やカナダへの留学経験者も多数来店している。グレイビーソースが絡んだポテトはまさに「癖になる味」。カナダの人がわざわざ食べにくる理由がよくわかりました。

タイのポッキー

ตรากูลิโกะ
ป๊อกกี้®
チョコレート
รสช็อกโกแลต
บิสกิตแท่งเคลือบรสช็อกโกแลต
น้ำหนักสุทธิ 47 กรัม

アメリカのポッキー

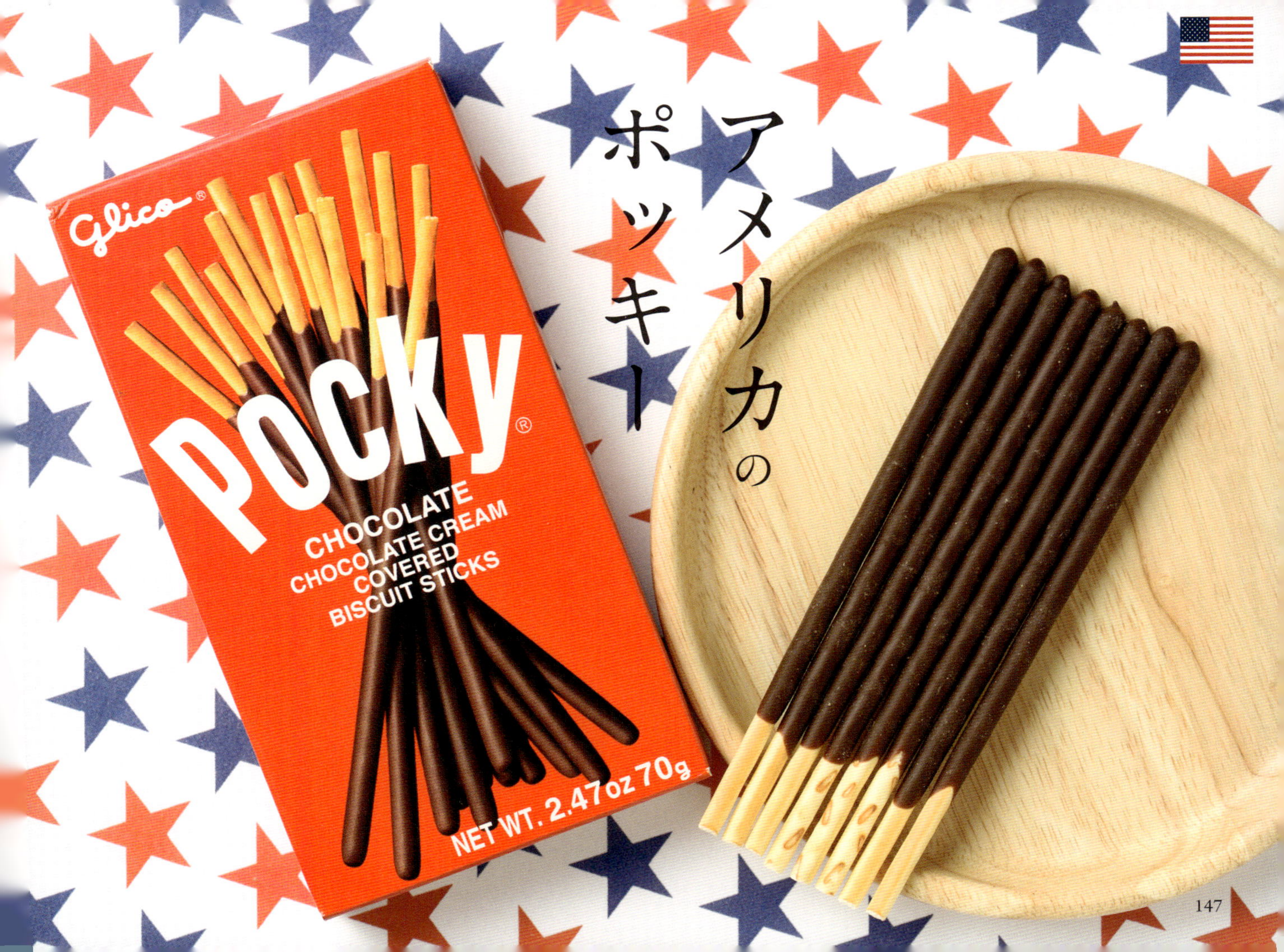
Glico
Pocky
CHOCOLATE
CHOCOLATE CREAM
COVERED
BISCUIT STICKS
NET WT. 2.47oz 70g

甘さ控えめなのが「タイのポッキー」

世界のおよそ30カ国で、年間およそ5億箱を販売するという日本を代表するお菓子の「ポッキー」。軸となるプレッツェルをビターなチョコレートでコーティングし、この両者が口の中で混じり合うことで甘く感じられるように作られているのは全世界共通。ただ、現地の人の好みや気候に応じた調整がなされており、味わいははっきりと違う。まずタイのポッキーは、暑い国ということもありチョコが溶けにくい工夫がされている。このため見た目が少し白っぽく、また味わいはさっぱりとして、しつこくない甘さ。一方、アメリカのポッキーは、ビターな風味が際立つ大人の味わい。材料の配合比率は日本と同じだが、チョコや小麦の材料が異なるため異なる風味になっている。なお、日本では「なめらかでクリーミーな甘さ」が好まれ、チョコレート文化が根付いているヨーロッパでは濃厚な味が好まれるという。

ビターなチョコが「アメリカのポッキー」

どの「ポッキー」が日本のもの？

撮影にご協力いただいたのは江崎グリコ株式会社。撮影用に提供いただいたタイとアメリカのポッキーに加えて、中国と日本のものを加えて並べてみました。さて、どれが日本のものかわかりますか？　答えは上から順に中国、タイ、アメリカ、日本。食べくらべてみましたが、やはり圧倒的に日本のものが美味しく感じます。想像以上に違いがはっきりわかるので機会があればぜひ食べくらべてみてください。なお中国のポッキーは、その音から漢訳した「百奇」という名前で販売されています。

中国人が好む土産物

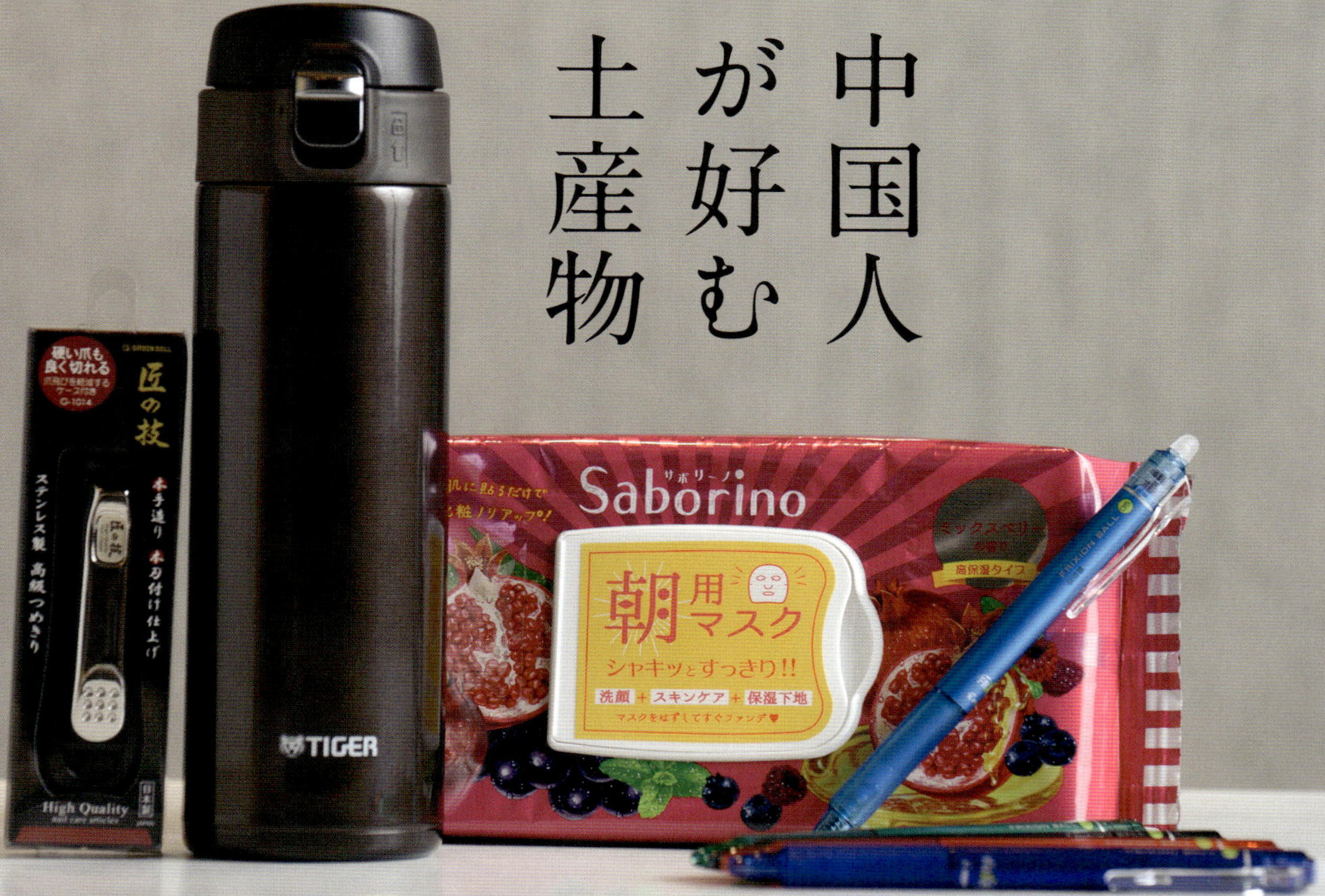
硬い爪も良く切れる
G-1014
匠の技
本手造り 本刃付け仕上げ
ステンレス製 高級つめきり
High Quality
日本製
TIGER
サボリーノ
Saborino
ミックスベリー
高保湿タイプ
朝用マスク
シャキッとすっきり!!
洗顔＋スキンケア＋保湿下地
マスクをはずしてすぐファンデ
FRIXION BALL

アメリカ人が好む土産物

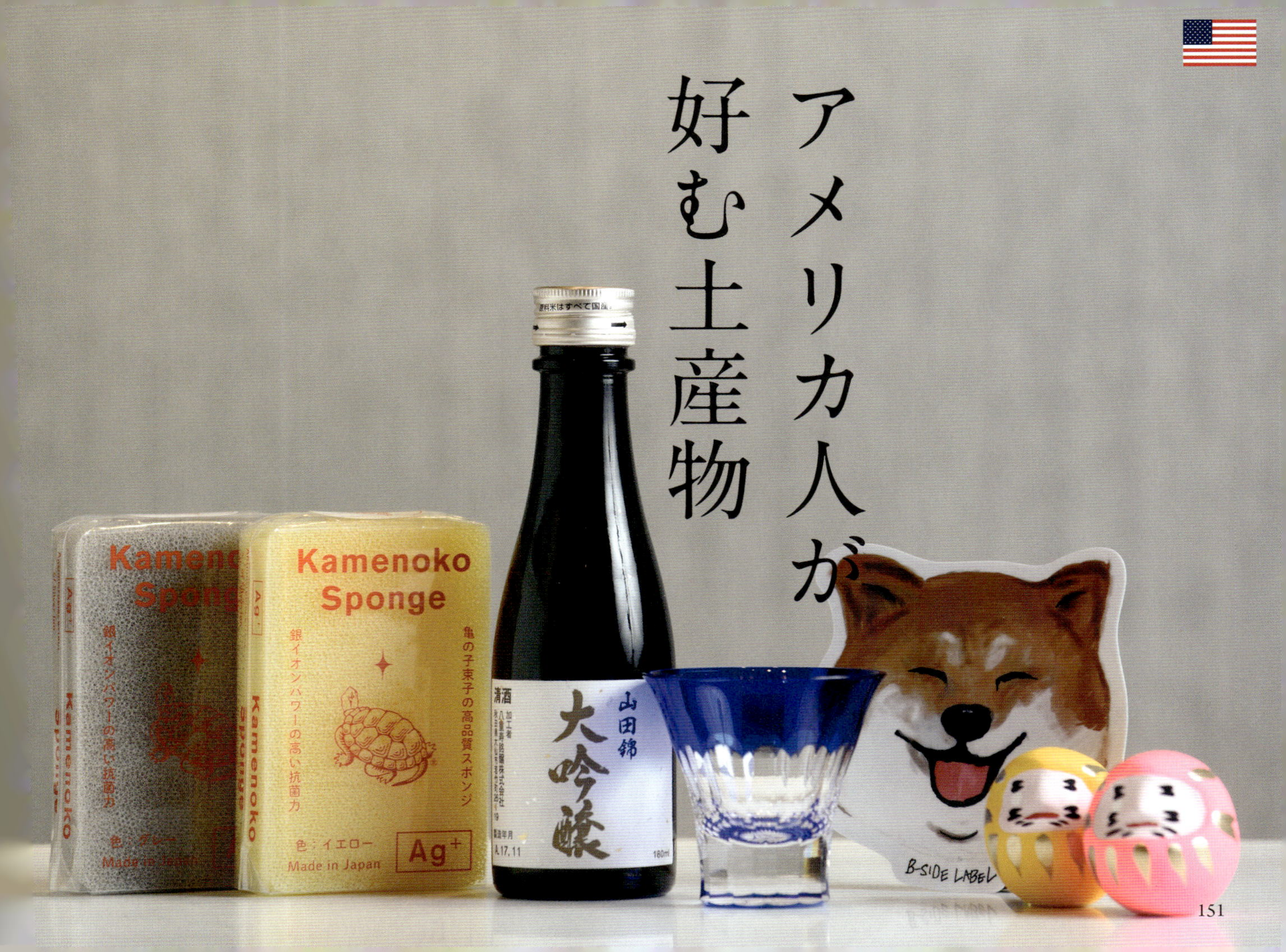

日用品主体なのが「中国人が好む土産物」

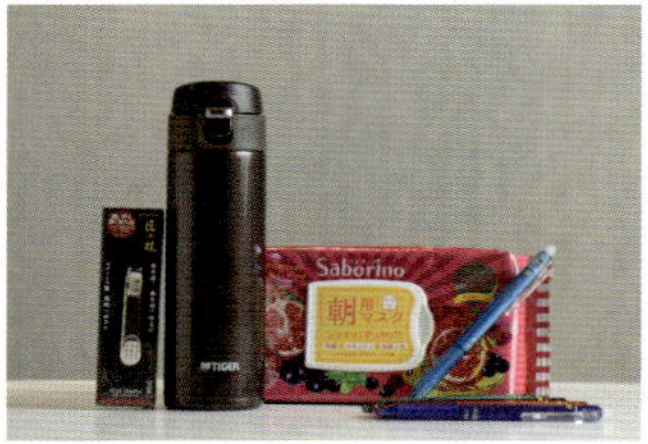

日本文化主体なのが「アメリカ人が好む土産物」

「日本でどのようなものを土産物として購入しているのか」にも国民性が垣間見られる。多様な生活雑貨を扱う「ロフト」によれば、中国人が購入するものは日用品が中心。洗顔やスキンケアが行えるフェイスマスクなどの美顔用品や、さらさらの書き味のジェルインクボールペン。高い技術が評判の日本製の爪切りや水筒などの人気が高い。一方、アメリカやヨーロッパからの観光客には、日本文化が感じられるものが人気。ダルマや富士山の形を模したガラス製品、日本酒のミニチュアボトル、「亀の子束子《たわし》」の亀の子スポンジも好評だ。また柴犬のキャラクター「しばんばん」など、日本の柴犬をモチーフにしたシールやステッカーも人気だという。総じてアジアの人は「日用品」が中心で、欧米の人は日本文化が垣間見られる「お土産らしいもの」を好む傾向にあるという。

外国人旅行客が急増の「ロフト」

撮影にご協力いただいた「ロフト」では、2014年より新店を中心に免税カウンターを設けたこともあって外国人旅行客が急増。店内で買い物した後、免税カウンターに立ち寄れば、消費税が返金される仕組みになっている。マスキングテープも広く人気があり、日本の文具は世界各国から注目されているそうです。

日本の雪だるま

アメリカの雪だるま

2段なのが「日本の雪だるま」

3段なのが「アメリカの雪だるま」

雪だるまは、日本とアメリカなどの欧米とではその形が違う。もっともわかりやすい特徴が体の構造で、日本の雪だるまは２段であるのに対して、アメリカは３段。また日本では頭にバケツを乗せるのが一般的だが、アメリカでは帽子が主流。また日本では目や鼻など顔の構造物は炭や木の棒などで作られるが、アメリカの雪だるまは鼻に長いニンジンを用いることも特徴的だ。日本語は「雪だるま」で、英語は「snowman」であることからも、アメリカ式のほうがより人間的な特徴を帯びているといえるだろう。なお中国の「雪人《シュエレン》」と呼ばれる雪だるまも２段だが、胴体部分が円錐形の山の形をしているのが一般的だという。

新幹線の駅と直結したスキー場「GALA湯沢」

撮影にご協力いただいたのは、新潟県南魚沼郡にあるスキー場「GALA湯沢」。世界で唯一の新幹線の駅とスキーセンターが直結したスキー場で、新幹線の乗車時間も東京駅から最速75分（2017-18シーズン時点の運転時刻）と驚きの好アクセスでした。行ってみて驚いたのは、外国人観光客の多さ。台湾や東南アジアなど雪が珍しい地域の人は、雪遊び目的で訪れるケースも多いのだとか。この背景には、JR東日本が外国人向けに販売している3日間乗り降り自由の専用切符があり、従来、その利用地域は関東エリアが中心だったが、ここに「ガーラ湯沢駅」を加えたことで、一気に外国人の訪問者が増えたという。

おかべたかしの

本気で雪だるまを作ってみた

日本の雪だるまは２段だが、アメリカや西洋の雪だるまは３段——。実はこの雪だるまの違いに気づいたことが、この『くらべる世界』の企画の出発点でした。写真に撮れれば面白いし、意外性もある。ぜひとも紹介したいところですが、私たちは東京に住んでいるので、なかなか雪も降りません。「ま、雪が降ったら撮りましょうか……」という考えが頭をかすめますが、これがいけない。この『目でみることば』シリーズも10作目となりますが、これだけやっていると「撮り損なうもの」がわかってきました。

それが「そのうち撮れるでしょう」と思いがちなもの。周囲にないものは真剣に探して足を運びますから撮れるのです。しかし、そのあたりでも撮れそうだなと思うものほど撮り逃す。

そこで交通費をかけてでも、雪だるまを撮りに行くことにしました。日本式とアメリカ式、それぞれの雪だるまの特徴を分析して必要なものを用意。撮影場所をスキー場に絞って、あれこれ交渉を重ねるうちに東京からアクセス抜群の「GALA湯沢」さんが、快諾してくださりました。日程は、連休明けの１月９日としていましたが、その日が雨。そこで翌日の10日に山出カメラマンと向かったのです。到着したのは午前９時40分。天気は晴れ！

さっそく撮影してもいい場所を案内してくれるという現地スタッフのＩさんに挨拶しに行ったところ、いきなり「最悪の日に来ましたね」と告げられます。

「え？」

　なんでも前日に雨が降ったため、表出している雪が凍結しているのだとか。たしかに小さな雪玉を作って地面を転がしても、まったく雪が付着せずに大きくなりません。

「こうやって雪の玉を削り出したほうがいいかもな」と、Ｉさんは雪溜まりからシャベルを使って器用に小さな雪玉を削り出してくれます。

「じゃ、このあたりなら、どこで作ってもいいから。頑張って」

　シャベルを置いていってくれたＩさんを見送った私たちは、さっそく作業を始めたのですが、これがなかなか大変。「ある程度、大きな塊を取り出さないとなぁ……」と山出カメラマンがシャベルを雪面に突き立てますが、なかなか思うようにいきません。

　午前10時に作業開始し、交互にシャベルを握って30分ほど経つも目ぼしい成果はゼロ。どうしたらいいものか……と焦りが生じてきましたが、ある発見で事態が好転していきます。

雪だるま作るためにGALA湯沢までやってきました。用意してくださったゲレンデ脇のこんな側道で雪だるま作りスタート！

「同型のボウル２個に雪を入れ、これを合わせるときれいな雪玉ができる」と知り持参。たしかに雪玉はきれいにできるのですが、前日の雨のため転がしても雪が付着せず……。ただ雪のコンディションが良ければ、この作戦ありだと思います。

このような雪の壁にシャベルを突き立て、雪の塊を掘り起こそうとしたのですがあまりに大変で断念。しかしその奥から新雪を発掘することができ事態は好転していきます。

それは雪壁をどんどん掘っていくと、あるところから雪の感触が変わるのです。それは前夜の雨の影響を受けていない新雪で、とても粘着力があり、これをくっつけていけば、ちゃんと雪玉になるのです。

私たちはこの新雪を「金の鉱脈」と名付け、私は鉱脈掘り、山出カメラマンは雪玉作りと分業して、ようやく11時過ぎに胴体になりそうな大きな雪玉がひとつ完成しました。

「ハァハァ……やっぱ日本式を撮ってから、その上に雪玉を乗せようか」

「そうですね……ハァハァ」

行きの車中「日本とアメリカの雪だるまを２つ並べて記念撮影しましょう」と話していたのですが、これだと合計５つの雪玉が必要になります。しかし日本式を撮影後、この上に増築する形でアメリカ式を作れば雪玉は３つで済む。早くも疲れの色が出てきた私たちは、この増築方式でなんとか２種類の雪だるまを作ることにしました。

その後、ゴールが見えてきたこともあり、元気を取り戻す私たち。昼食休憩を挟むとやる気がなくなりそうなので、チョコレートバーをかじりながら作業を進め、午後１時頃にようやく大中小と３個の雪玉が完成しました。

「ハァハァ……できましたね」

「ハァハァ……じゃあ日本式を作ろう……」

まず、慎重に大きな雪玉の上に中サイズの雪玉を乗せます。そして顔パーツ用の炭や帽子用のバケツ、マフラーを配置して、まず日本式が完成！

素晴らしい出来栄え！

本当はここでビールでも買って来て、雪だるまくんと乾杯でもしたいところですが、まだ仕事は終わっていません。撮影を終えると、すかさず日本式のパーツを外して、３個目の雪玉を慎重に乗せます。そしてアメリカ式のパーツを付けていくと、ほどなくこちらも完成しました！

当初は、どうなることかと思いましたが、無事に日本式とアメリカ式の雪だるまの撮影が完了。初めての挑戦にしては、なかなか上出来ではないでしょうか。

コツは、くっつきやすい新雪を使うこと。そして、バケツや帽子、マフラーなどの小道具を用意することでしょうか。とくにアメリカ式の雪だるまは、鼻にニンジンを使うとぐっとそれっぽくなりますよ。

さて、撮影を終えて休憩していると、「すいません。写真撮ってもいいデスカ？」と声をかけられました。作業しながらもうすうす気づいてはいたのですが、雪だるまを作っているのを遠巻きに見ている人が大勢いたのです。このGALA湯沢にはたくさんの外国人旅行者がいて、なかには雪が降らない国の人も少なくないのだとか。声をかけてきたのは台湾の人でしたが、おそらく雪だるまを見るのも初めてのことなのでしょう。「どうぞ！　どうぞ！」と快諾すると、嬉しそうに記念撮影。すると、それまで遠巻きに見ていた人もたくさんやってきて、ついには行列までできたのでした。なんだか少しばかりの国際貢献気分も味わえた素敵な撮影でしたよ。

ようやく目入れ、口入れの作業。今回、目には丸炭を用いましたが、ペットボトルのふたを黒く塗るなどしたものでも充分でしょう。

ついに日本式が完成。なんかちょっと寂しい感じも愛らしい。黄色のマフラーとブリキのバケツが似合いますね。

GALA湯沢応援バージョンの雪だるまです。ガーラ湯沢の方には、雪だるまの手に使った枝も切っていただくなど大変にお世話になりました。

外国人の旅行者たちが、次々と「写真OK？」とやってきます。雪だるまと写真を撮りたい人はたくさんいそうなので、全国のスキー場のみなさんぜひ和洋両スタイルで作ってみはいかがでしょうか。私たちでよければ作りに行きますよ！（ただし有料です（笑））。

日本のリンゴの食べ方

アメリカのリンゴの食べ方

皮をむくのが「日本のリンゴの食べ方」

皮をむかないのが「アメリカのリンゴの食べ方」

日本ではリンゴは皮をむいて食べるのが一般的だが、アメリカでは皮のまま食べるのが普通。このためか売られているリンゴの品種も日本より小ぶりなものが多い。ブドウも皮のまま食べる品種が多く、日本のようにむいて食べるというイメージがない果物だ。オレンジの外皮はむくが、中の皮をむく人はほとんどおらず、日本人が中の柔らかい皮までむいて食べるのを目にするととても驚くという。このようになるべく皮を食べるのは、皮に栄養があるからという考えゆえで、ニンジンやジャガイモといった野菜類も皮ごと調理するケースが多い。なおリンゴの皮をむく習慣がないアメリカ人に「うさぎ」(皮を耳に見立てたもの)を作ってみせると、とても珍しがられるという。

アメリカでは「グレープフルーツ」を焼いて食べる？

「アメリカではグレープフルーツを焼いて食べることがある」ということを知りました。日本のテレビでも紹介されて愛好者も増えているのだとか。せっかくだから試してみようと、嫌がる家族を振り切ってオーブンに切ったグレープフルーツを投入。ほんのり焼き色が着いた頃におそるおそる食べてみたのですが、これが「うまーい！」と声を出してしまうほど美味しいのです。甘さが引き立ち、また皮から果肉がはがれやすくなり食べやすくもある。ぜひ一度、挑戦してみてください。旨いですよ。

イギリス積みのレンガ

フランス積みのレンガ

長手の列と小口の列を交互に並べたのが「イギリス積みのレンガ」

一列に長手と小口を交互に並べたのが「フランス積みのレンガ」

長方形のレンガは、長い側面を「長手」、短い側面を「小口」と呼ぶが、外から見える部分を「小口」で統一したのが「小口積み」で、長手で統一したのが「長手積み」と呼ばれる。これ以外にも様々な工法があり、長手の列と小口の列を縦方向に一段ずつ水平方向に交互にしたのが「イギリス積み」で、一列に水平方向に長手と小口を交互に並べたのが「フランス積み」と呼ばれる。日本にレンガ建築が伝えられた当初は、見た目がきれいに仕上がるフランス式が多用されていたが、その後、より簡単で丈夫に組み上がるイギリス式が採用されるケースが多くなった。なお「イギリス積み」と似た「オランダ積み」は、角の処理の仕方が異なっている。

「イギリス積み」の「東京大学」と「フランス積み」の「立教大学」

歴史ある大学の建物には、古いレンガ建築を見ることができる。「イギリス積み」を撮影したのは東京大学の中にある「コミュニケーションセンター」と呼ばれる建物。現在は、東大の研究成果を生かした商品などが販売されているが、古くは人力車の車庫として用いられていたという。一方、「フランス積み」を撮影したのは立教大学の池袋キャンパス。大正期に完成したこの建物に、明治中期以降あまり見られなくなった「フランス積み」が採用されているのは、この積み方の優れた装飾性を重視したためだと考えられている。

イギリスで「みかん」を「satsuma」と呼ぶ理由

～ 面白いことばの話 ～

本書を作る過程で「ことば」にまつわる面白い話をいくつか知ったのでご紹介します。まず、ドイツの道路看板について。

日本では、道路工事に置かれる看板には「ご迷惑をおかけしております」と書かれているのが一般的ですが、ドイツの看板には「Wir bauen für Sie（あなたたちのために工事をしています）」と書かれています。たしかにみんなが使う道路を工事しているのですから、ドイツ的な表現もわかりますが、日本の感覚とはかなり違って興味深い。このような公的サービスに対する感覚は、かなりお国柄が出る事象といえるでしょう。

続いて、イギリスで通じるちょっと変わった日本語について。イギリスでは、日本の「温州《うんしゅう》みかん」のことを「satsuma（さつま）」と呼ぶことをご存知でしょうか。この「さつま」とは今の鹿児島県の「薩摩」のことなのですが、このことばが生まれた原因は、幕末期の薩摩とイギリスの間の戦い「薩英戦争」にあります。この戦いで薩摩は敗れるのですが、これを機に両者に交流が生まれ、薩摩藩が友好の印にと温州みかんの苗を送ったことから、イギリスでこのみかんが広まり「温州みかん＝satsuma」になったのです。このように意外な日本語が特定の外国で使われている例には、メキシコの「マルちゃんする」があります。これは「早くできること」を指すのですが、これは当地でよく食べられる東洋水産のインスタントラーメン「Maruchan Ramen（マルちゃんラーメン）」に由来することばで、メキシコのサッカー監督が素早いカウンター作戦を「マルちゃん作戦」と名付けるほどに知られたことばだといいます。

最後にことばをつかった「おもてなし」について。外国の人にとって日本語は難しいものとされますが、これを敬遠するだけでなく、そこに面白さを見出す人も少なくありません。とりわけ漢字にはファンが多く、「美」「愛」「風」「華」などは、その字形と意味も含めて人気が高いとされています。また「トランプ」を「斗蘭風」などと、漢字に置き換えて書いてあげることが、簡単にできる「おもてなし」として人気を集めています。そういえば、昔、アメリカを旅した折、小さな宿の宿帳に日本語でメッセージを書いたら、とても喜んでくれました。日本語を書く、その意味を伝える。これだけでも、場合によっては充分に「おもてなし」になるのです。

英語には「bull（雄牛）」「cow（雌牛）」「ox（去勢牛）」「calf（子牛）」など牛を言い表す単語がたくさんありますが、「米」「稲」「ご飯」のすべてを「rice」の一語で言い表します。このようにことばは、それを使う民族がどのようなものに関心をもってきたかを示す指標でもある――こんなことも世界の「ことば」を面白く観察する一助になると思います。

文・おかべたかし

本書を作り終えた私には「世界中の雪だるまを作って一緒に記念撮影をする」という新たな夢ができました（笑）。日本と西洋の雪だるまの違いだけでも面白いのに、中国の「雪人」は雪山の上に頭を乗せるというではありませんか。きっと世界中を探せば、もっといろんな「雪だるま」があるに違いありません。世界の雪だるまが並ぶ光景を思い浮かべると、なんだかとてもワクワクしてきませんか。

本書がみなさんにとって、このような文化の違いから世界に興味を抱く契機になれば、とても嬉しく思います。

さて今回も取材では多くの方にご協力をいただきました。改めて御礼申し上げます。カメラマンの山出高士さん、デザイナーのサトウミユキさんへも大いなる感謝を。今回は、我が娘があやとりを覚えてくれたり、折り紙を折るのを手伝ってくれたりと大活躍してくれました。ありがとね。

さて『目でみることば』シリーズも、ついに10作目に達しました。実は11作目の撮影も開始しておりまして、遠からずまたお目にかかれると思いますので、今後ともよろしくお願いします。

コラムで焼酎のことを書きましたが、映画『大脱走』には、収容所の中でアメリカ兵が蒸留酒を密造し試飲するコミカルで楽しげなシーンがあります。原料は芋で焼酎に近い味がするのかもしれません。飲みたくなりますので、鑑賞の際はショットグラスにお好みの焼酎をご用意ください。

クラフトジンが流行っているそうです。ジンはトウモロコシや大麦などを原料に造られた蒸留酒にジュニパーベリー（ねずの実）の香りを加えたお酒。クラフトジンはさらに、コリアンダーやシナモン、日本では柚子やお茶の葉など、その地域独自の香草を加えてオリジナルな味に仕上げたものです。人気だというスペイン産のハイビスカスを使ったジンを飲む機会がありました。華やかで丸みのある甘い香りがし「これが受けるなら白酒のブレイクもあるのでは？」と思った次第。今後の白酒の活躍に期待します。

さて『くらべる』シリーズも４作目となりました。本作では、「白酒」だけでなく「プーティン」や「ペリメニ」など初めて味わうものが多かった。また「雪だるま」を上手に作るコツも発見しました。読者のみなさまにも、この本をきっかけに、新しい発見をしてもらえれば嬉しく思います。

今回も執筆・編集のおかべさん、デザイナーのサトウさん、東京書籍の藤田さん、撮影にご協力いただいた皆さまに感謝申し上げます。乾杯！

写真・山出高士

撮影協力　＊敬称略

天のや
アンド ザ フリット
宇都宮大学
江崎グリコ株式会社
おかべかなこ
GALA湯沢
カゴアミドリ
ガレリアコントラバッソ
株式会社トーダン
キャロラインダイナー
グルーヴィナッツ
ゲリック
公益社団法人 全国珠算教育連盟
小石川後楽園
サイクルスタジオ ハクセン
ジャックインザドーナツ
ジョーズ カフェ
神保町ろしあ亭
スペインバル トロンパ
世界の太鼓資料館 太鼓館
世界のビール博物館
田中洸太郎
チェルシーカフェ
東京大学
にしき食品
日清食品
フェアファクスコレクティブ
みくら
村上武士
ラ・テール洋菓子店
ラ・メール・プラール
立教大学
ロックハート城
ロブソンフライズ
ロフト
ワールド・ブレックファスト・オールデイ

主要参考文献

『英国フード記 AtoZ 』
（石井理恵子・著／松本里美・版画／三修社）

『折り紙』
（国際おりがみ協会・監修／小林一夫・文／文溪堂）

『カゴアミドリのかごの本』
（伊藤征一郎 伊藤朝子・文／マイナビ）

『完全版あやとり大全集』
（野口廣・監修／主婦の友社）

『暮らしの手帖 第85号』
（暮らしの手帖社）

『軍隊のない国家27の国々と人びと』
（前田朗・著／日本評論社）

『広辞苑（第四版）』
（新村出・編／岩波書店）

『サンドイッチの歴史』
（ビー・ウイルソン・著／月谷真紀・訳／原書房）

『食の世界地図』
（21世紀研究会・編／文藝春秋）

『住んでみたヨーロッパ
9勝1敗で日本の勝ち』
（川口マーン惠美・著／講談社プラスα新書）

『世界のじゃんけん大集合』
（こどもくらぶ・編／今人舎）

『大辞林』
（iPhone アプリ／物書堂）

『テーブルマナーの基本』
（財団法人日本ホテル教育センター・編／プラザ出版）

『東西食卓異聞 』
（高橋哲雄・著／ミネルヴァ書房）

『日本人が驚く中南米33カ国のお国柄』
（造事務所・編著／ PHP 文庫）

『それ日本と逆!? 文化のちがい習慣のちがい1
モグモグ食事のマナー』
（須藤健一・監修／学研教育出版）

『わたしのスズメ研究』
（佐野昌男・著／さ・え・ら書房）

おかべたかし
（岡部敬史）

1972年京都府生まれ。早稲田大学第一文学部卒。出版社勤務後、著述家・編集者として活動。著書に『くらべる値段』『くらべる時代 昭和と平成』『くらべる東西』『目でみることば』『似ていることば』『似ている英語』（東京書籍）、『基礎教養 日本史の英雄』（扶桑社）、『風雲児たちガイドブック解体新書』（リイド社） などがある。個人ブログ「おかべたかしの編集記」。

山出高士
（やまでたかし）

1970年三重県生まれ。梅田雅揚氏に師事後、1995年よりフリーランスカメラマン。『散歩の達人』（交通新聞社）、『週刊SPA!』（扶桑社）などの雑誌媒体のほか「川崎大師」のポスターも手がける。2007年より小さなスタジオ「ガマスタ」を構え活動中。著書に『くらべる値段』『くらべる時代 昭和と平成』『くらべる東西』『目でみることば』『似ていることば』『似ている英語』（東京書籍） などがある。『人生が変わる！ 特選 昆虫料理50』（木谷美咲、内山昭一・著／山と溪谷社）、『もにゅキャラ巡礼』（楠見清、南信長・著／扶桑社）でも写真を担当。

くらべる世《せ》界《かい》

2018年3月1日　第1刷発行
2020年10月20日　第3刷発行

おかべたかし・文

山《やま》出《で》高《たか》士《し》・写真

発行者	千石雅仁
発行所	東京書籍株式会社
	〒114-8524 東京都北区堀船2-17-1
	03-5390-7531（営業）
	03-5390-7500（編集）

デザイン	サトウミユキ（keekuu design labo）
編集協力	（有）SPOON BOOKS

印刷・製本	株式会社リーブルテック

ISBN978-4-487-81129-8 C0039

出版情報　https://www.tokyo-shoseki.co.jp
乱丁・落丁の場合はお取り替えいたします。